中國社會科學院歷史研究所藏甲骨墨拓珍本叢編（第二輯）

宋鎮豪 主編　孫亞冰 編纂

中國社會科學院古代史研究所藏甲骨文拓

上海古籍出版社

圖書在版編目(CIP)數據

中國社會科學院古代史研究所藏甲骨文拓 / 宋鎮豪主編；孫亞冰編纂. —上海：上海古籍出版社，2020.7
（中國社會科學院歷史所藏甲骨墨拓珍本叢編. 第二輯）
ISBN 978-7-5325-9653-9

Ⅰ.①中⋯ Ⅱ.①宋⋯ ②孫⋯ Ⅲ.①甲骨文－拓片－圖集 Ⅳ.①K877.12

中國版本圖書館CIP數據核字(2020)第099173號

2019年度國家古籍整理出版專項經費資助項目
中國社會科學院古代史研究所創新工程項目

封面題簽：喬雁群
責任編輯：姚明輝
封面設計：嚴克勤
技術編輯：耿瑩褘

中國社會科學院歷史研究所藏甲骨墨拓珍本叢編（第二輯）
中國社會科學院古代史研究所藏甲骨文拓
宋鎮豪　主編
孫亞冰　編纂
上海古籍出版社出版發行
（上海瑞金二路272號　郵政編碼200020）
(1) 網址：www.guji.com.cn
(2) E-mail：guji1@guji.com.cn
(3) 易文網網址：www.ewen.co
上海界龍藝術印刷有限公司印刷
開本889×1194　1/16　印張7.75　插頁4
2020年7月第1版　2020年7月第1次印刷
印數：1—1,100
ISBN 978-7-5325-9653-9
K·2851　定價：98.00元
如有質量問題，請與承印公司聯繫

目　　録

序 ··· 宋鎮豪（ 1 ）

凡　例 ··（ 1 ）

甲骨拓本 ··（ 1 ）

甲骨釋文 ··（55）

檢索表 ··（93）

　　表一　著録情況一覽表 ··（95）

　　表二　合、合補與本書對照表 ···（102）

　　表三　其他舊著與本書對照表 ···（104）

　　表四　本書甲骨自重表 ···（109）

　　表五　本書甲骨綴合表 ···（110）

　　表六　本書所收拓本較舊著録更完整或更清晰者以及新見拓本等一覽表 ········（111）

　　表七　甲骨現藏地簡稱對照表 ···（113）

　　表八　甲骨著録書簡稱對照表 ···（114）

序

　　殷墟甲骨文是地下出土中國最早的成文古典文獻遺産，傳承着中華文化的基因，從 1899 年發現至今，經海内外學者們 120 年來前赴後繼的探索，其中反映的殷商文化奥秘被逐漸揭開，甲骨學巋然成爲一門舉世矚目的國際性顯學。甲骨文出土材料流傳不廣，能接觸揣摩實物的更不多，墨拓甲骨片遂成爲方便傳播甲骨文物影像的複製品，是重建中國上古史，透視三千年前殷商社會生活景致，尋繹中國思想之淵藪、中國精神之緣起、中國信仰之源頭、中國傳統文化特質與品格之由來、中國藝術美學之發軔的最真實的素材。

　　中國社會科學院歷史研究所先秦史研究室是甲骨文研究重鎮，藏有大批甲骨文拓本集，其來源相繫於建國初制定"國家十二年科學發展遠景規劃"中列爲歷史學科資料整理重點項目《甲骨文合集》的編集，得益於當年"全國一盤棋"，受惠於全國文博考古科研教學各界的無私襄助，以及海内外許多收藏家的饋贈捐獻或轉讓。我們近年在編纂《甲骨文合集三編》的過程中，發現有相當一批甲骨文拓本爲當年《甲骨文合集》及後來的《甲骨文合集補編》所漏收。有的甲骨文拓本集，《合集》與《補編》僅僅選用了其中少量拓片，有的拓本集甚至根本没有被采選。今檢此批編餘的甲骨文拓本集，尚有 60 餘種計 62 300 多片，許多都是上世紀五六十年代以前更早時期的拓片，而其甲骨實物有的早已下落不明，有的雖知下落，甲骨却已破碎不全，遠不及早期拓本完整，史料價值相應降低。此批拓本集中，不少屬於海内外難見的珍本或孤本，學界尋覓已久，具有唯一性，且有新材料的文物價值和古文字與古史研究的重要學術價值。但因此批甲骨文拓本集塵封已久，紙張破碎零落，需要進行搶救性破損修復和有序保護整理。

　　2011 年中國社會科學院歷史研究所創新工程項目啟動，由我主持的"歷史所藏甲骨墨拓珍本的整理與研究"被批准爲其分項目之一，也可以説是因國家社科基金重大課題《甲骨文合集三編》編集的前緒而設立的。主要創新點是立足於甲骨文物遺産整理保護、科學研究、學術史追蹤、文化傳播及歷史教育之目的，擴大視野，探賾索隱，深入挖掘每宗甲骨文資料的原始信息及其學術史價值，在項目實施中，配合甲骨學科建設並加強中青年專業人才的歷練。目標任務是編纂完成"中國社會科學院歷史研究所藏甲骨墨拓珍本叢編"，計劃精選十餘種，進行搶救性破損修復，分批整理，數字化存檔，追蹤甲骨源流，辨析甲骨真僞，鑒定材質，區分組類，斷代分期，綴合殘片，考釋文字，解析文例，詮釋史料，最終以叢編單册形式出版，爲甲骨學和殷商史研究提供一批經過專業水準編纂的甲骨文著錄書。

　　本書是中國社會科學院歷史研究所藏的一部甲骨拓本集，凡一函二册，原集無題名，因上世紀五六十年代曾被中國歷史博物館（今國家博物館）收藏登記名爲"甲骨文拓"，後爲中國社會科學院歷史研究所（2019年更名爲古代史研究所）收藏，遂以《中國社會科學院古代史研究所藏甲骨文拓》名之。原集第一册90頁，第二册91頁，除第一册第57頁貼兩張拓片外，其餘都是一頁一張，共182張拓片，去除其中重片，則計甲骨文166片。原骨大多係劉鐵雲舊藏，爲安陽殷墟早期出土品，今流散海内外各地，分别歸國家圖書館、故宫博物院、上海博物館、南京博物院、山東博物館、天津博物館、旅順博物館、吉林省博物館、廣東省博物館、廣州博物館、浙江省博物館、蘇州博物館、復旦大學、中國社會科學院古代史研究所、上海某氏、日本東京大學東洋文化研究所、京都大學人文科學研究所、早稻田大學東洋美術陳列室、天理大學、書道博物館、日本國學院大學、俄罗斯聖彼得堡國立愛米塔什博物館等二十餘家單位所藏。

本拓本集墨拓時間當早於甲骨流散世界各地之前的不同時期。爲反映原貌，本書保留自重拓片16張，原貼倒者，本書乙正之，在釋文部分做説明。此次整理仍按原集順序編次，貫之"辨析材質，鑒定真僞，分期斷代，按字體定其組類"的原則，全部甲骨釋文及有關著録情況、現藏信息、甲骨材質與組類、甲骨綴合信息、檢索表等均由孫亞冰統其成。另，王澤文參與了校重工作，馬季凡幫忙掃描了拓本與製作表格。上海古籍出版社吳長青副總編、顧莉丹主任、姚明輝編輯爲本書出版付出不少辛勞，誌此申謝！

本書作爲新推出的"中國社會科學院歷史研究所藏甲骨墨拓珍本叢編"第二輯之一種，在向學界提供一部塵封已久的甲骨文著録書之際，亦用以紀念甲骨文發現120週年，希望能爲甲骨學與殷商史研究增添助力。期盼讀者批評賜正。

宋鎮豪

於中國社會科學院古代史研究所
甲骨學殷商史研究中心
2019年6月端午

凡　　例

一、本書是中國社會科學院古代史研究所藏的一部甲骨拓本集，原集無題名，因其曾被中國歷史博物館（今國家博物館）收藏並登記過，登錄名是"甲骨文拓"，遂以"中國社會科學院古代史研究所藏甲骨文拓"命名。

二、原集一函二册，第一册 90 頁，第二册 91 頁，除第一册第 57 頁貼兩張拓片外，其餘都是一頁一張，共 182 張拓片，去除自重 16 張，實計甲骨文 166 片。爲反映原貌，本書保留自重拓片。原貼倒者，本書正之，在釋文部分做説明。

三、原集拓片多有墨污，此次整理通過電腦技術去除了拓片上的墨污。

四、原集拓本無頁碼、無編號，此次整理按原集順序添加編號。

五、本書共分三部分：第一部分爲拓本集，所有拓本以原大著錄。第二部分爲釋文，在每片甲骨序號後，依次標其材質、分類、現藏地（如無法核實，則闕如）、著錄情況等。甲骨釋文下或適當加以簡説。第三部分爲檢索表。

六、釋文一般采用寬式，"□"表示缺一字，"☒"表示所缺之字數目不詳，擬補的字外加"[ ]"號，用來注釋的字外加"( )"號。

七、釋文、表格中所列甲骨著錄書及收藏地等，皆用簡稱且不施專名號，全稱詳參書後所附著錄書及現藏地簡稱對照表。

甲骨拓本

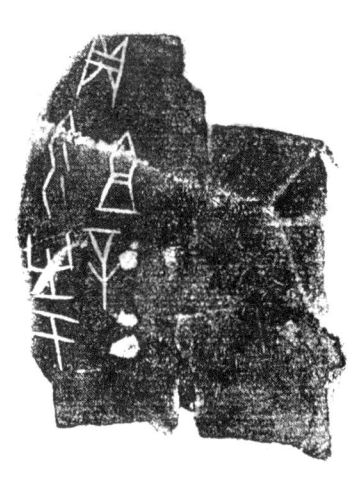

001

002

003

004

005

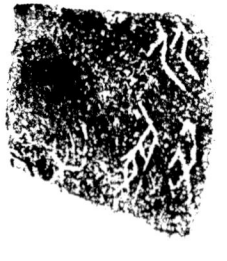

006

007

008

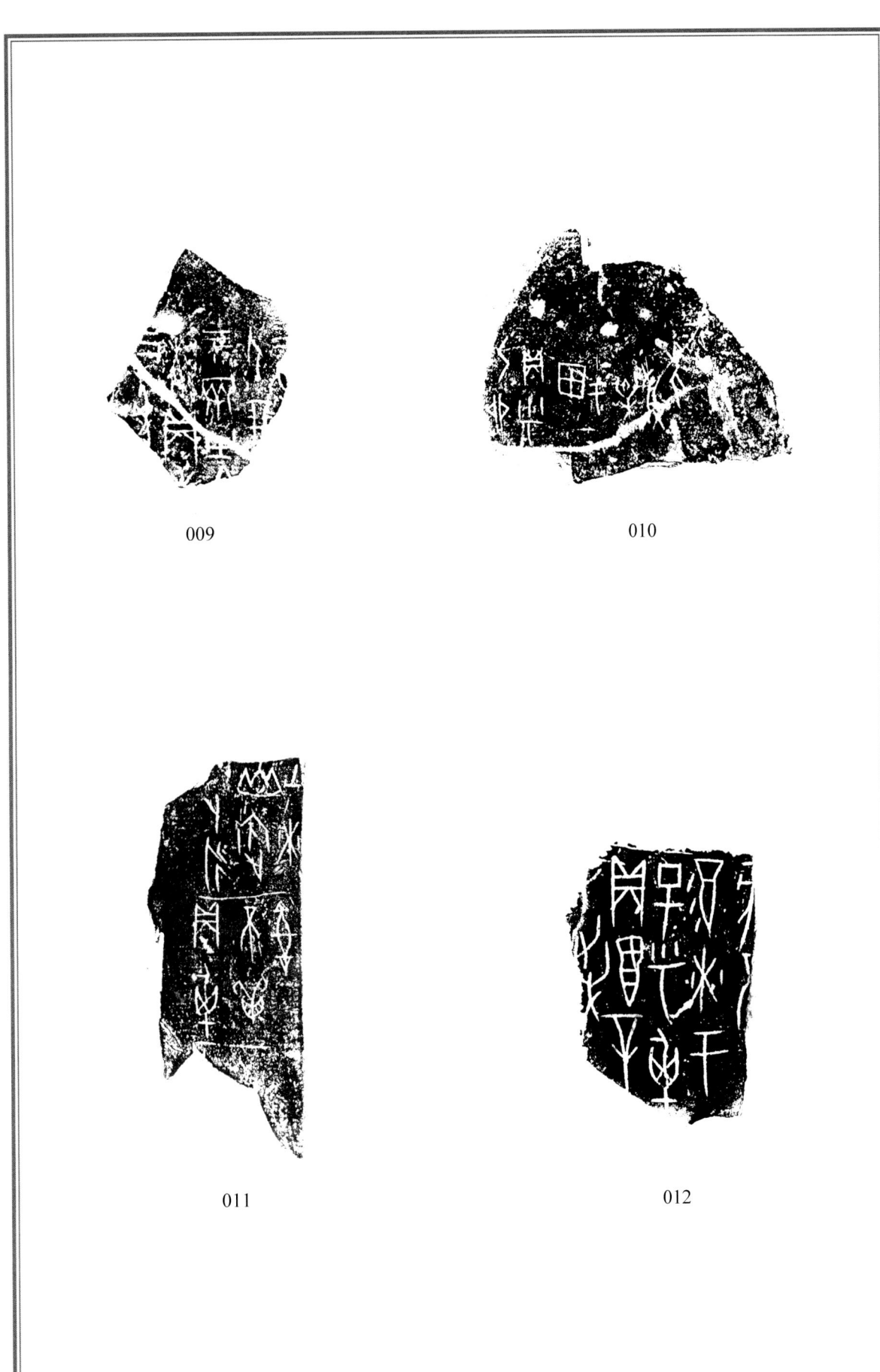

009

010

011

012

013

014

015

016

017

018

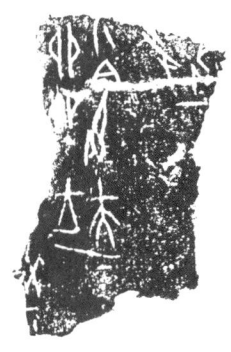

019

020

021

022

023

024

025

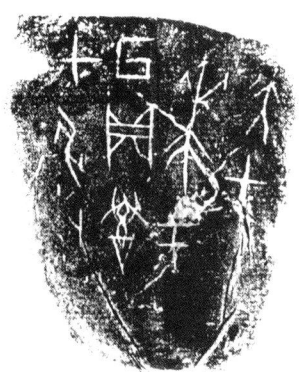

026

027

028

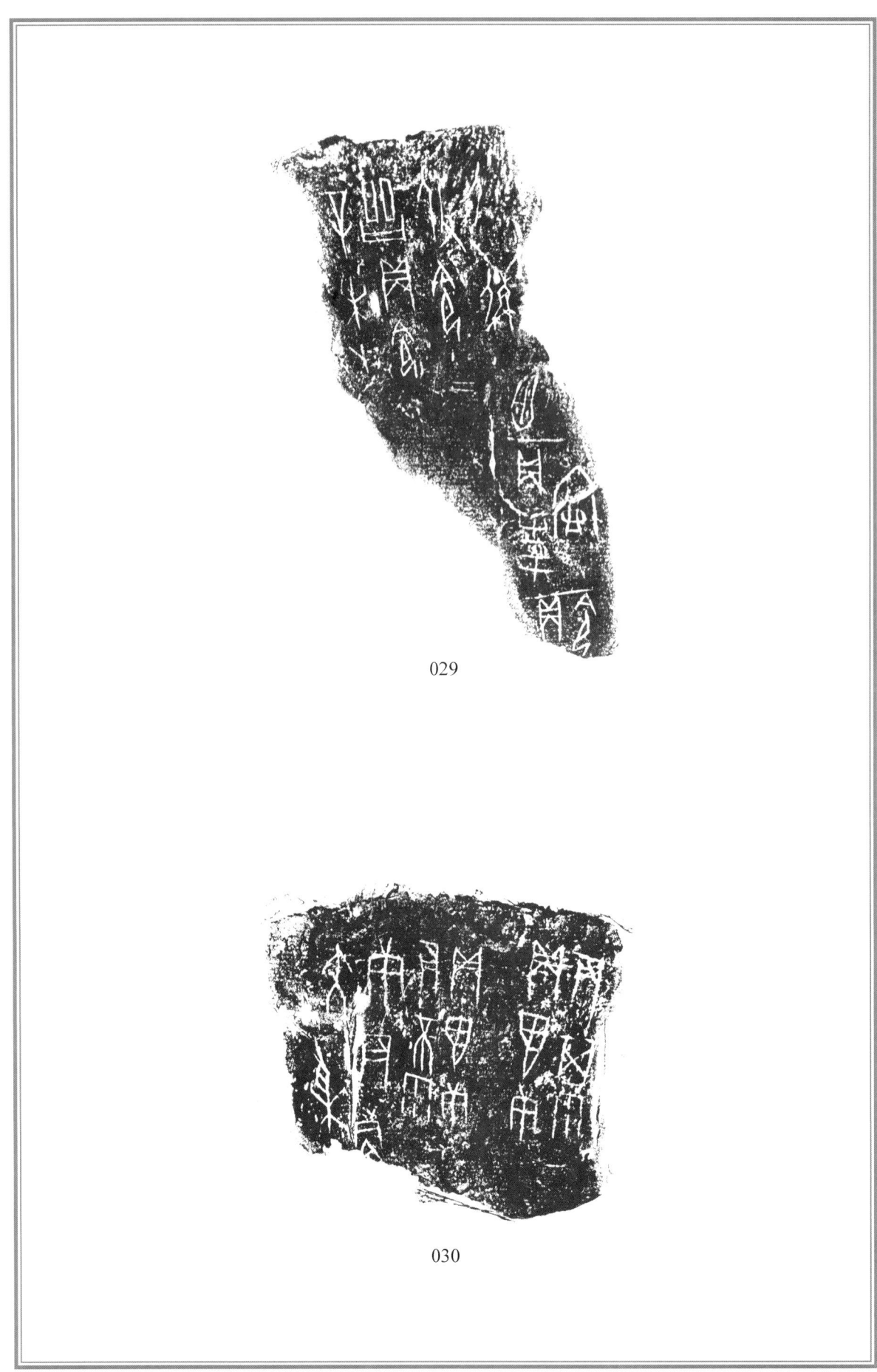

029

030

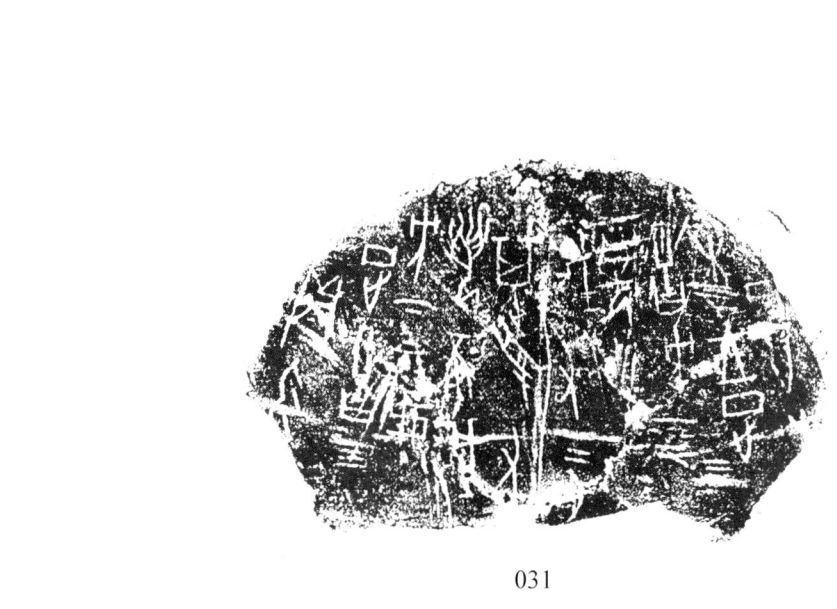

031

032

033

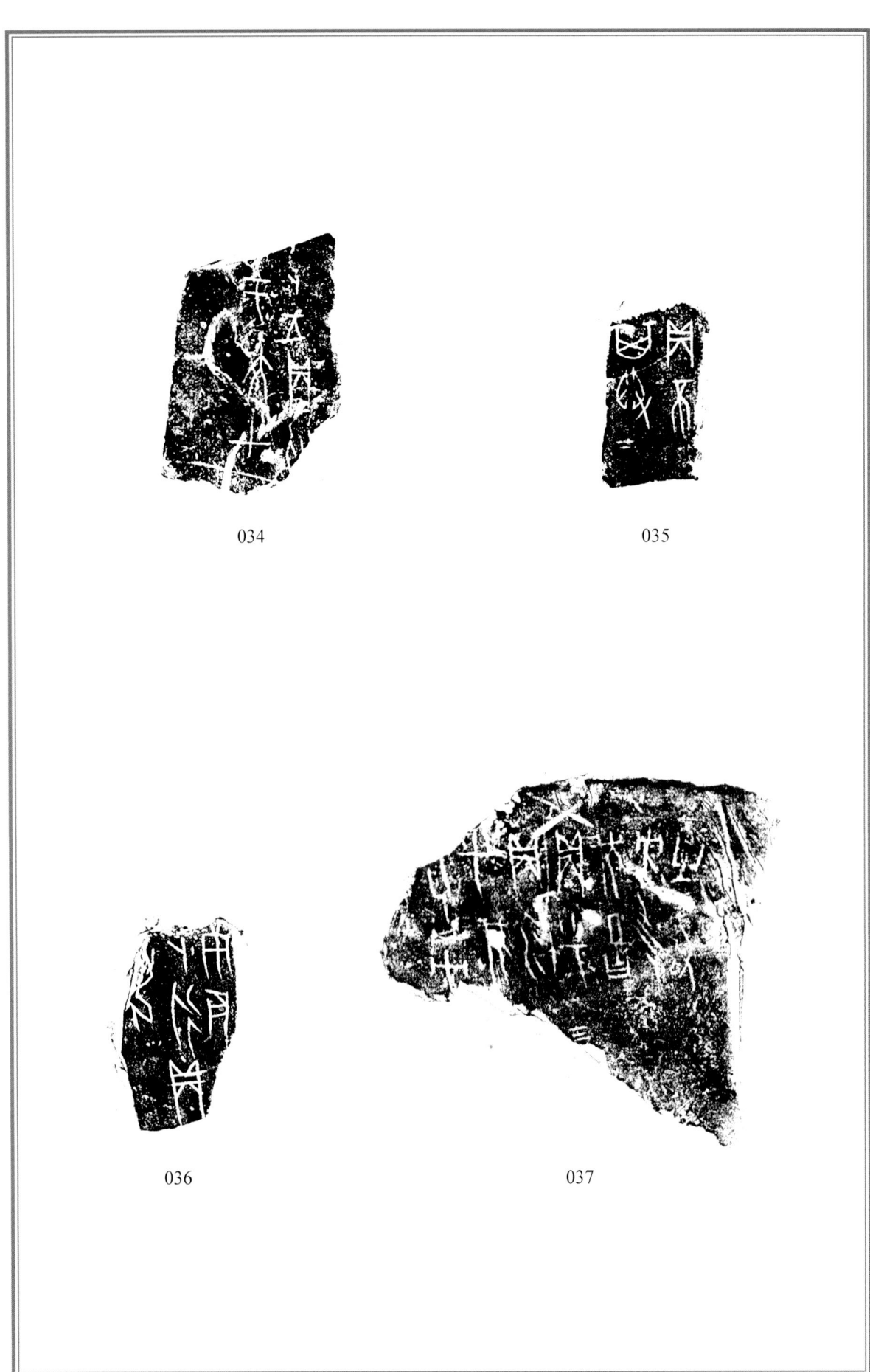

044

045

046

047

048

049

050

051

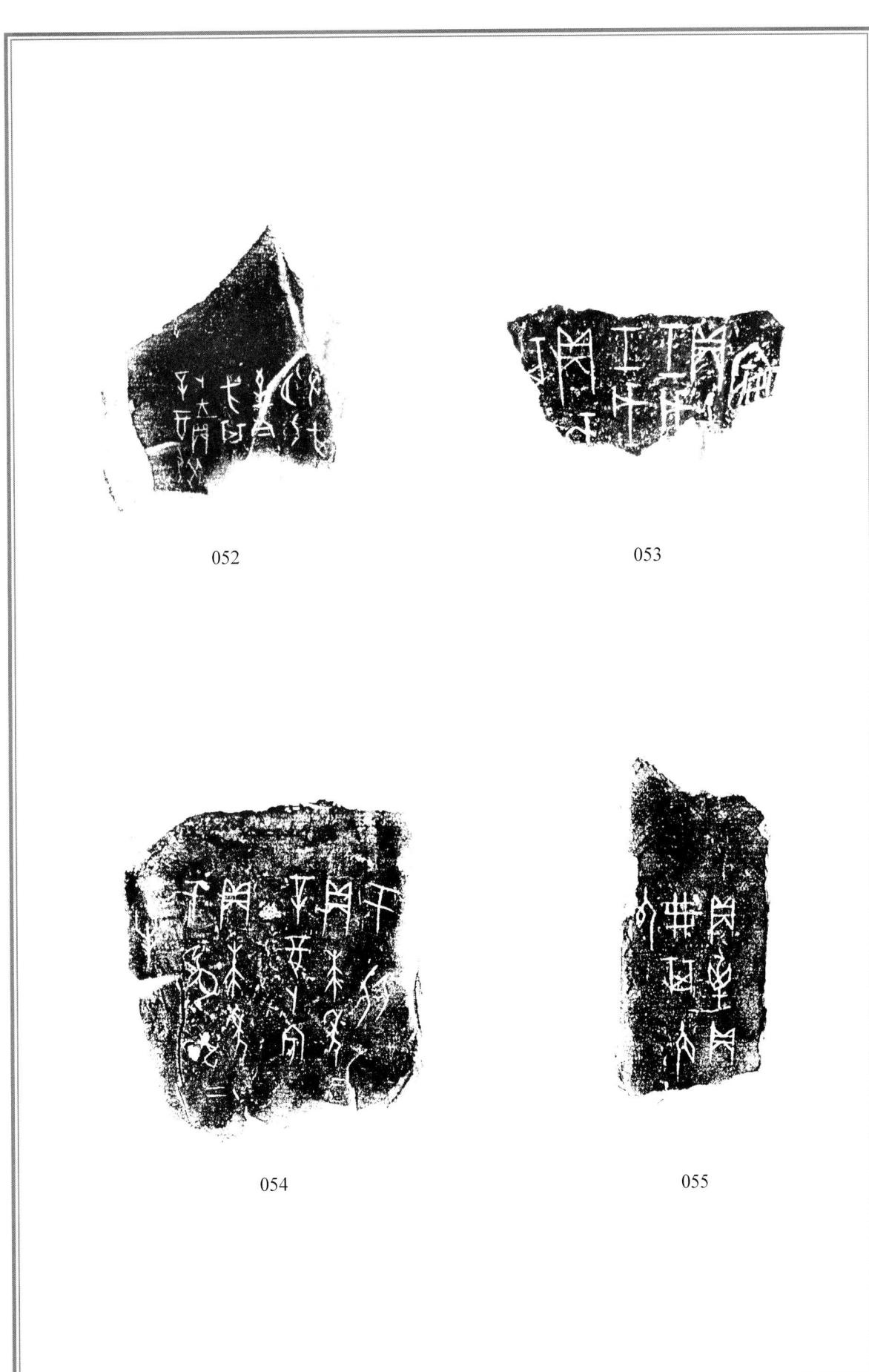

052

053

054

055

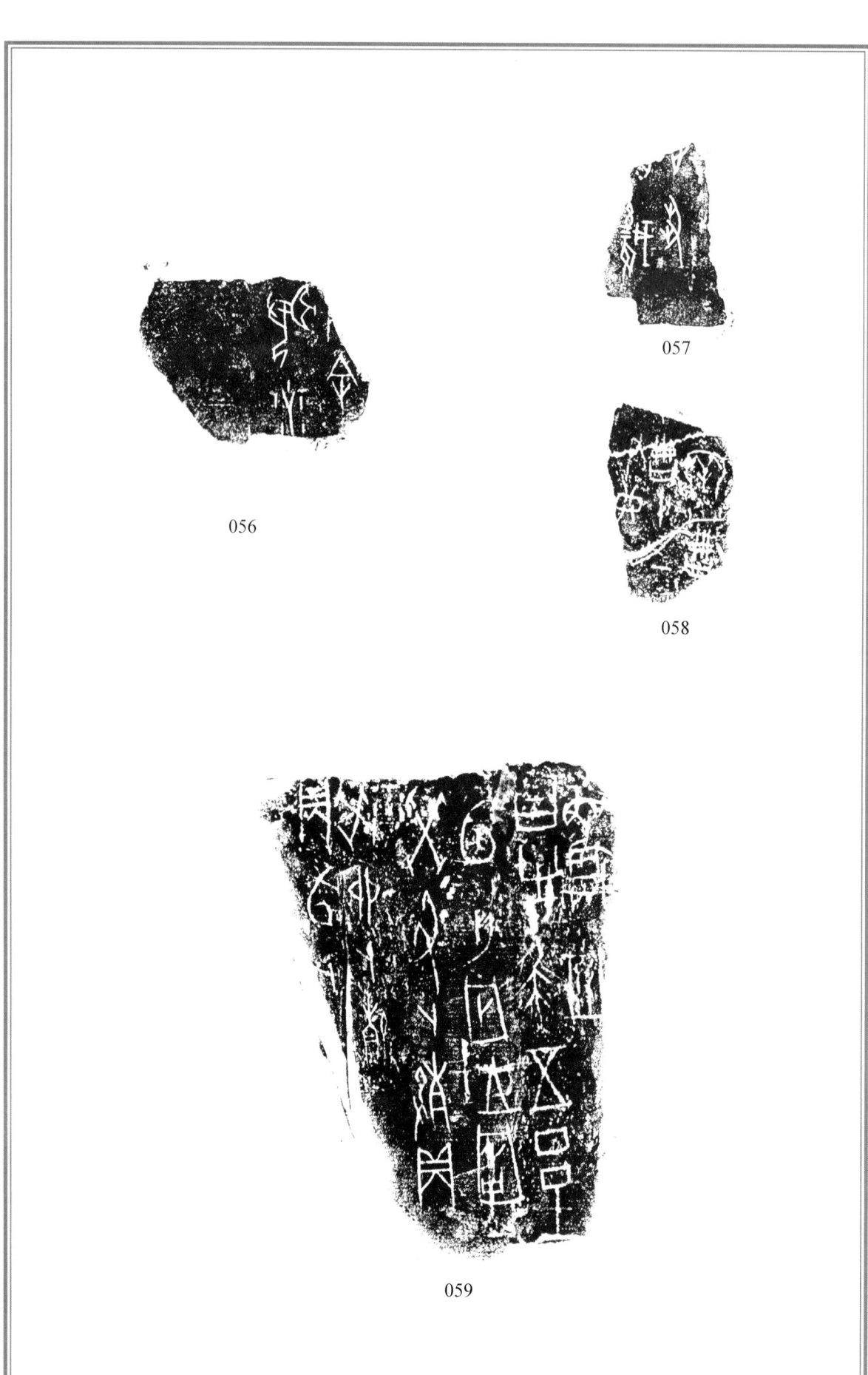

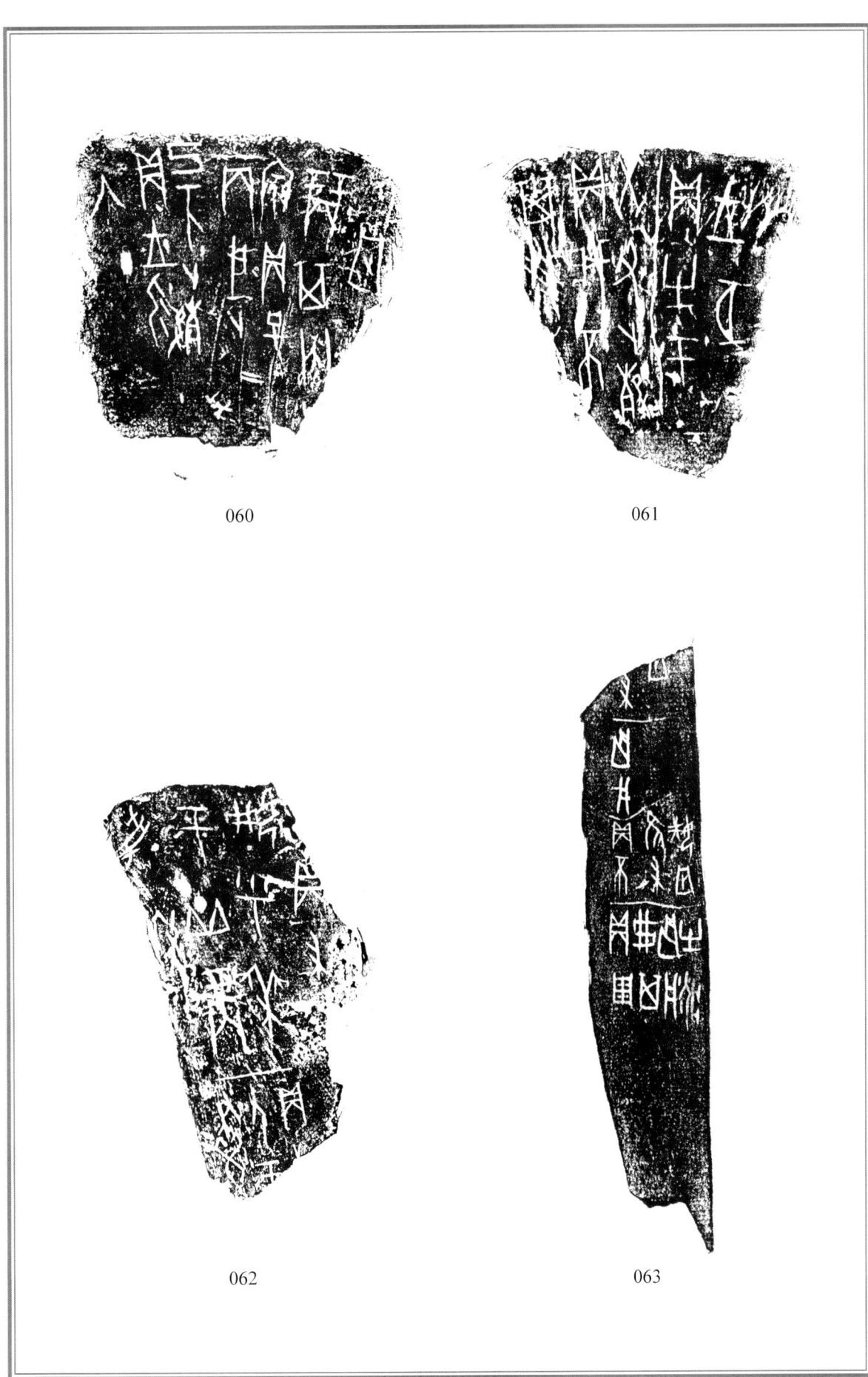

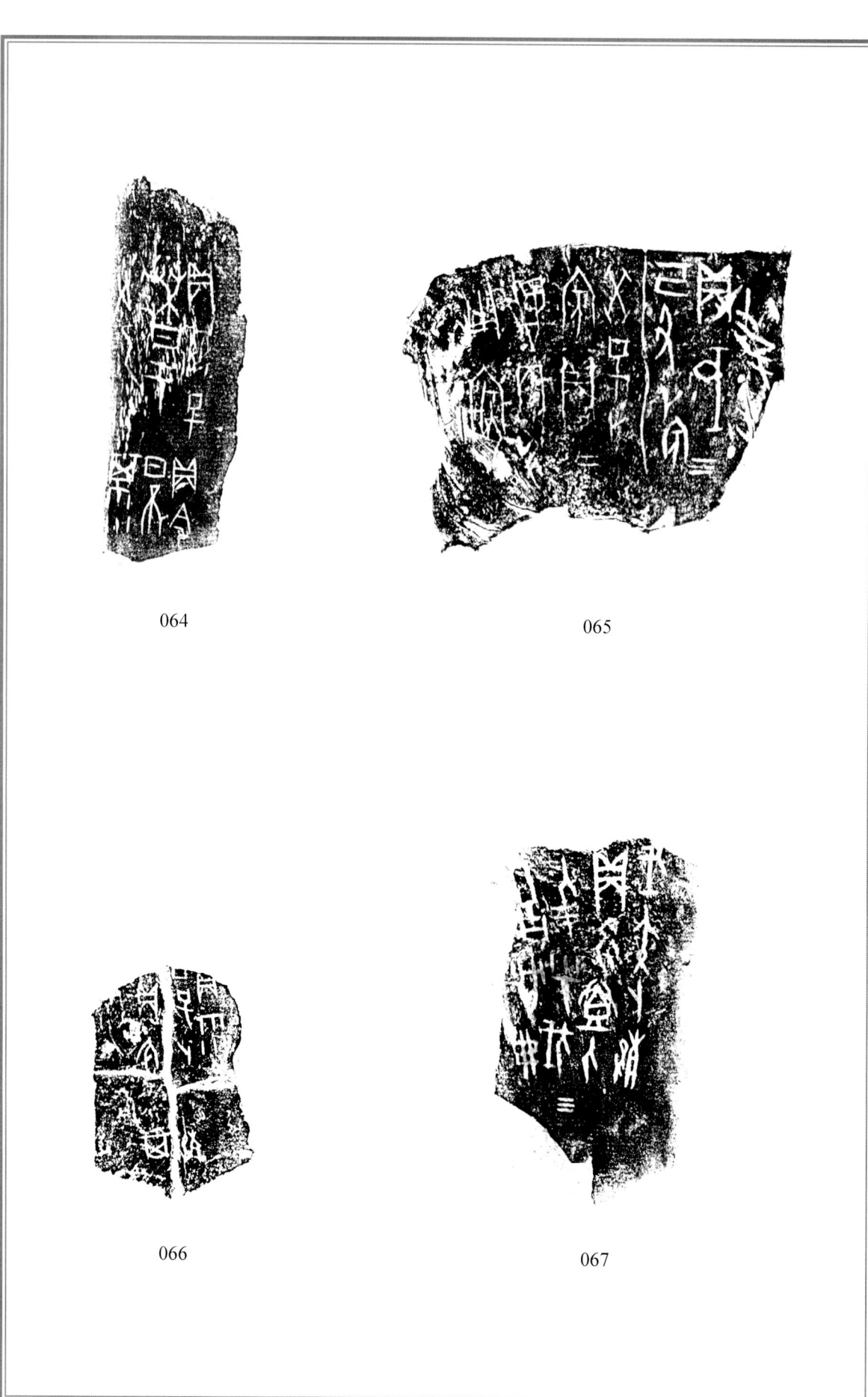

068

069

070

071

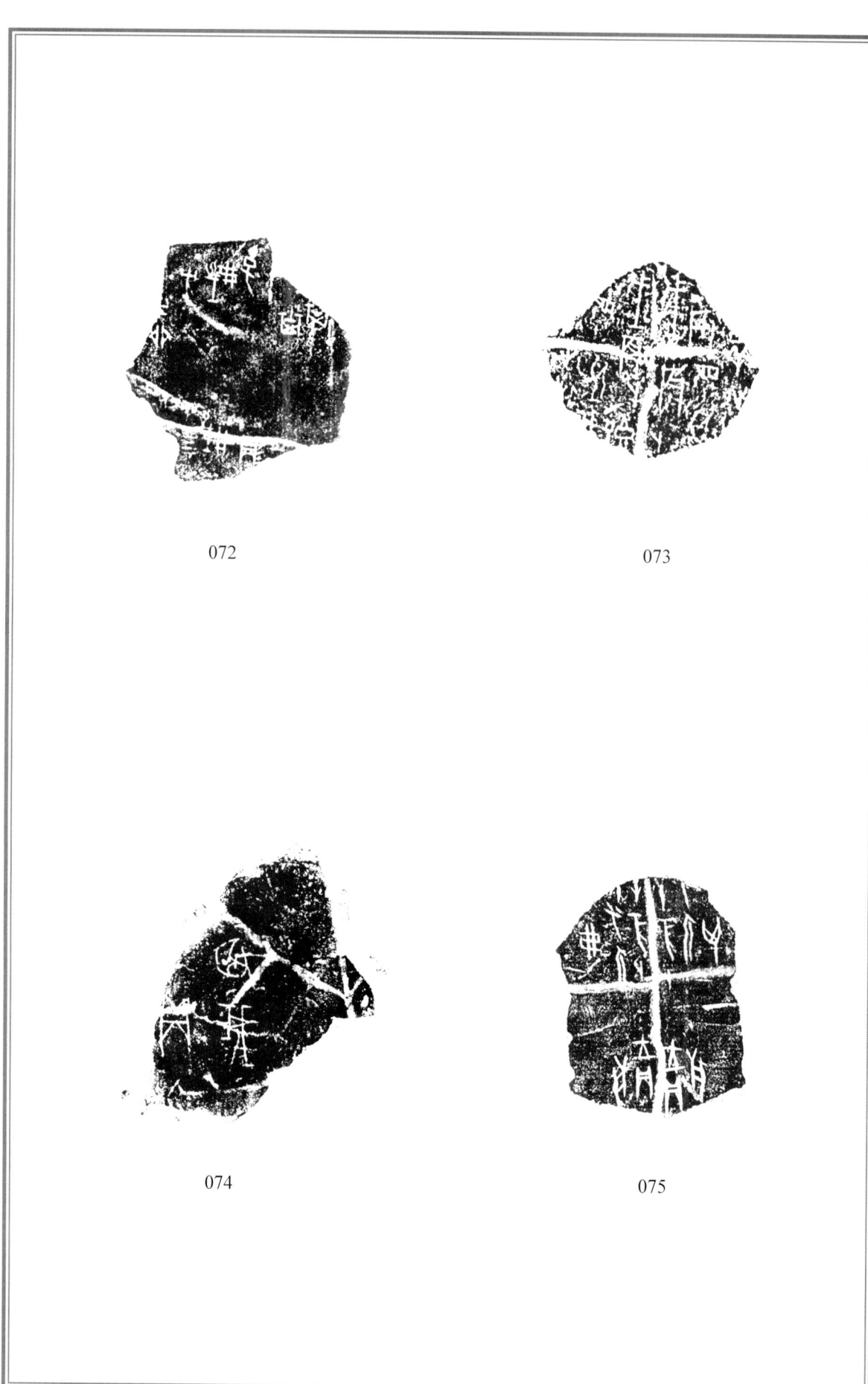

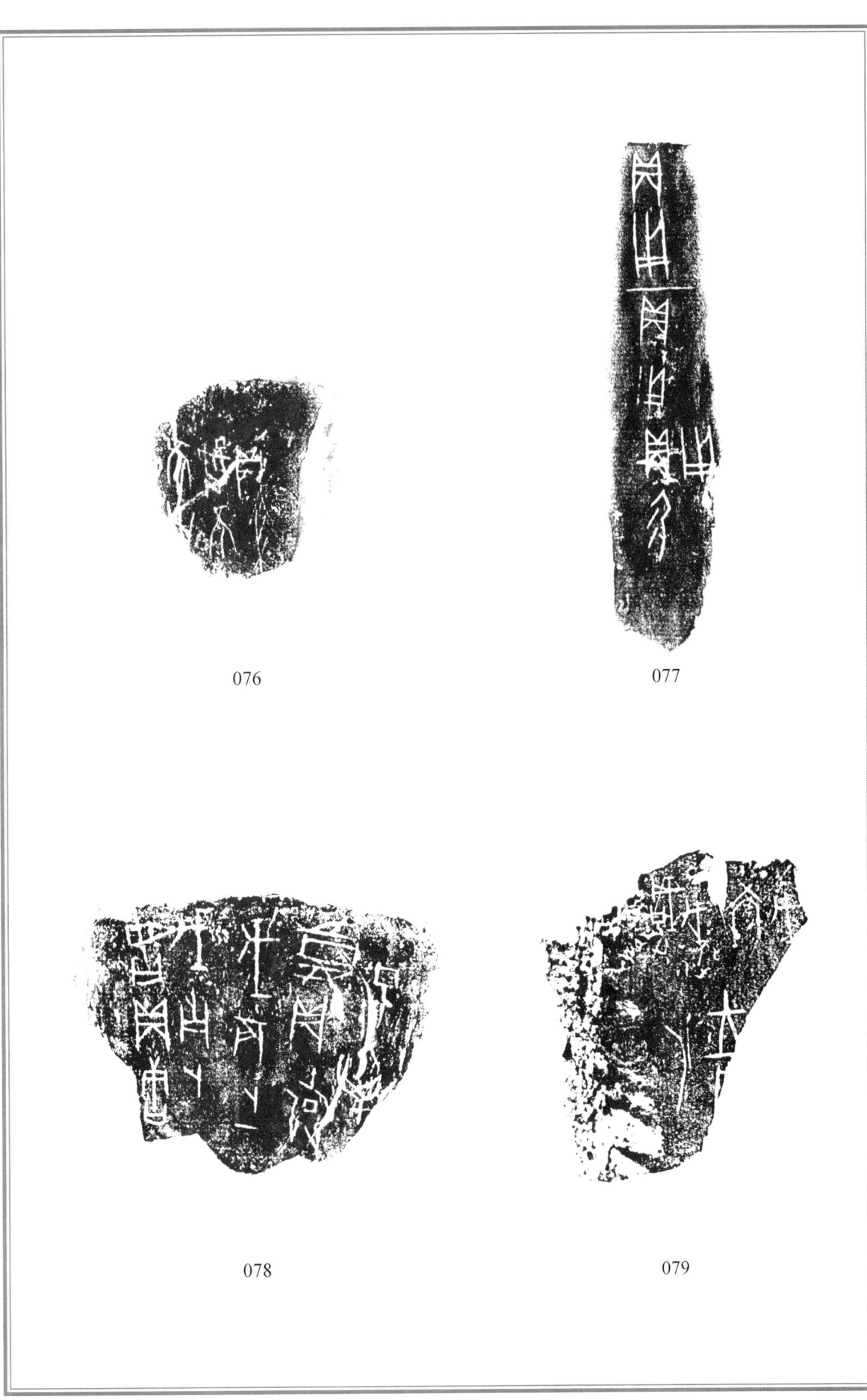

076

077

078

079

080

081

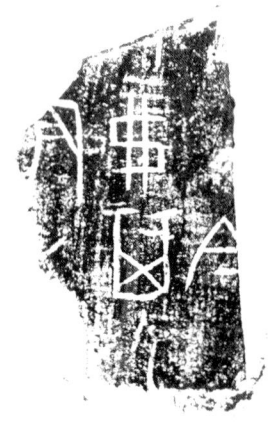

082

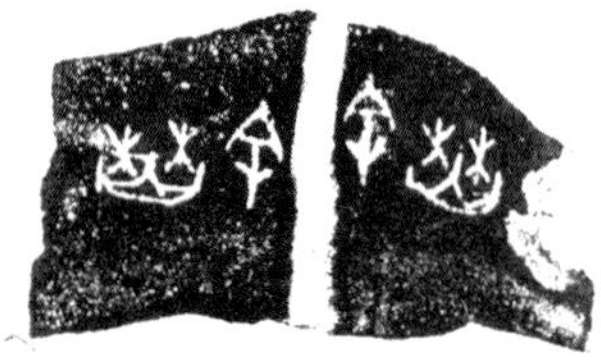

083

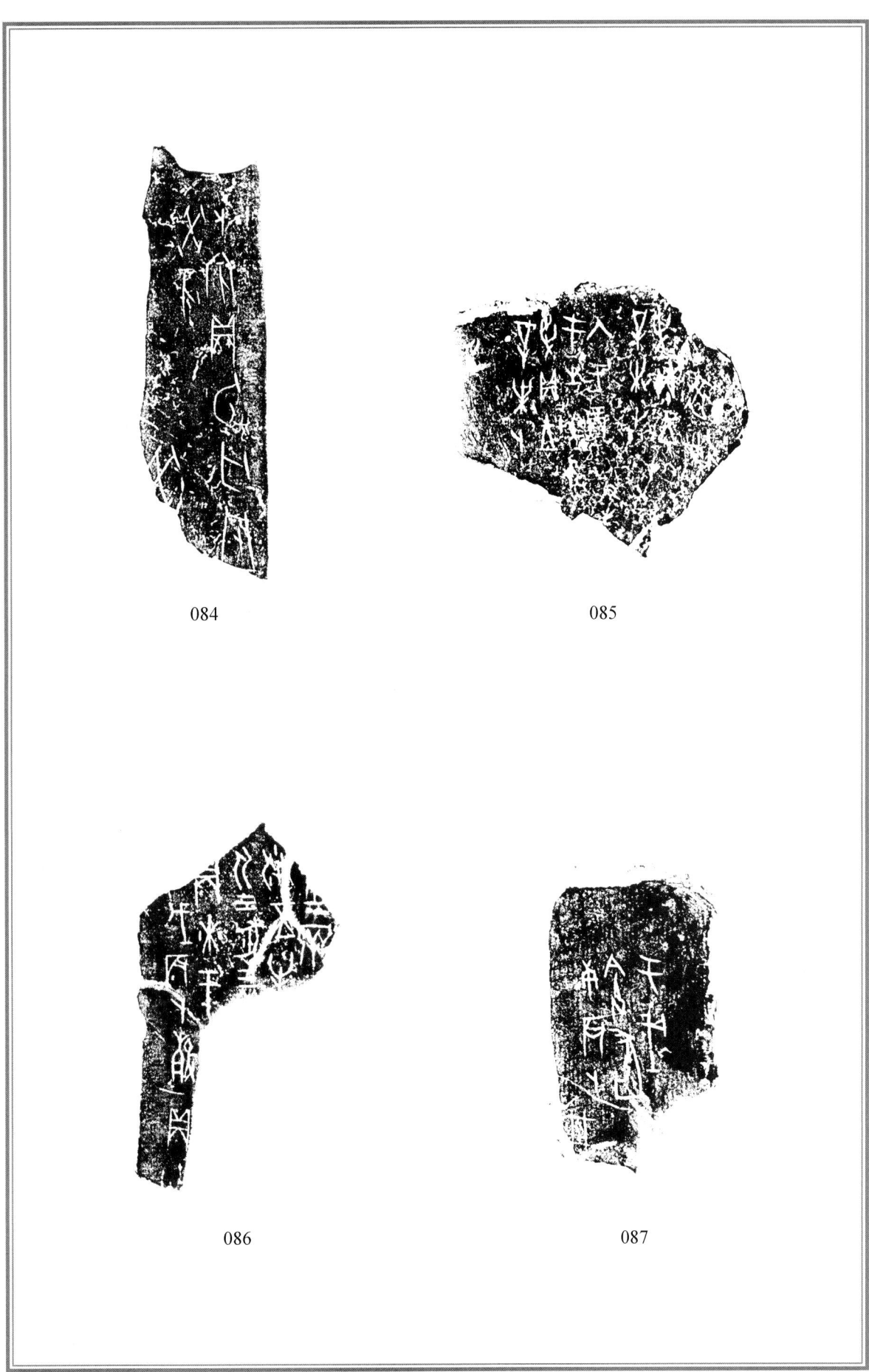

084

085

086

087

088　　　　　　　089

090　　　　　　　091

092

093

094

095

096

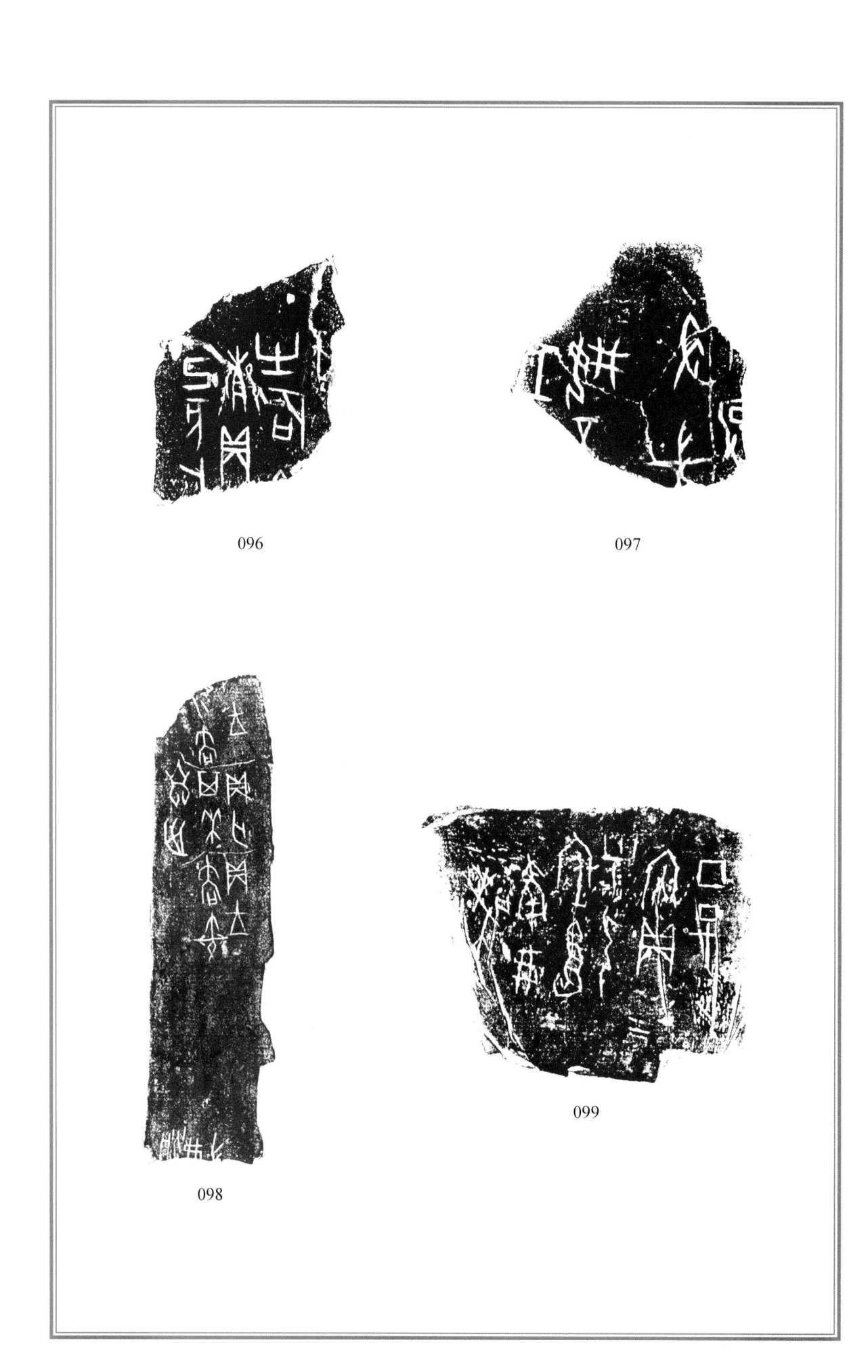

097

098

099

100

101

102

103

104

105

106

107

108

109

110

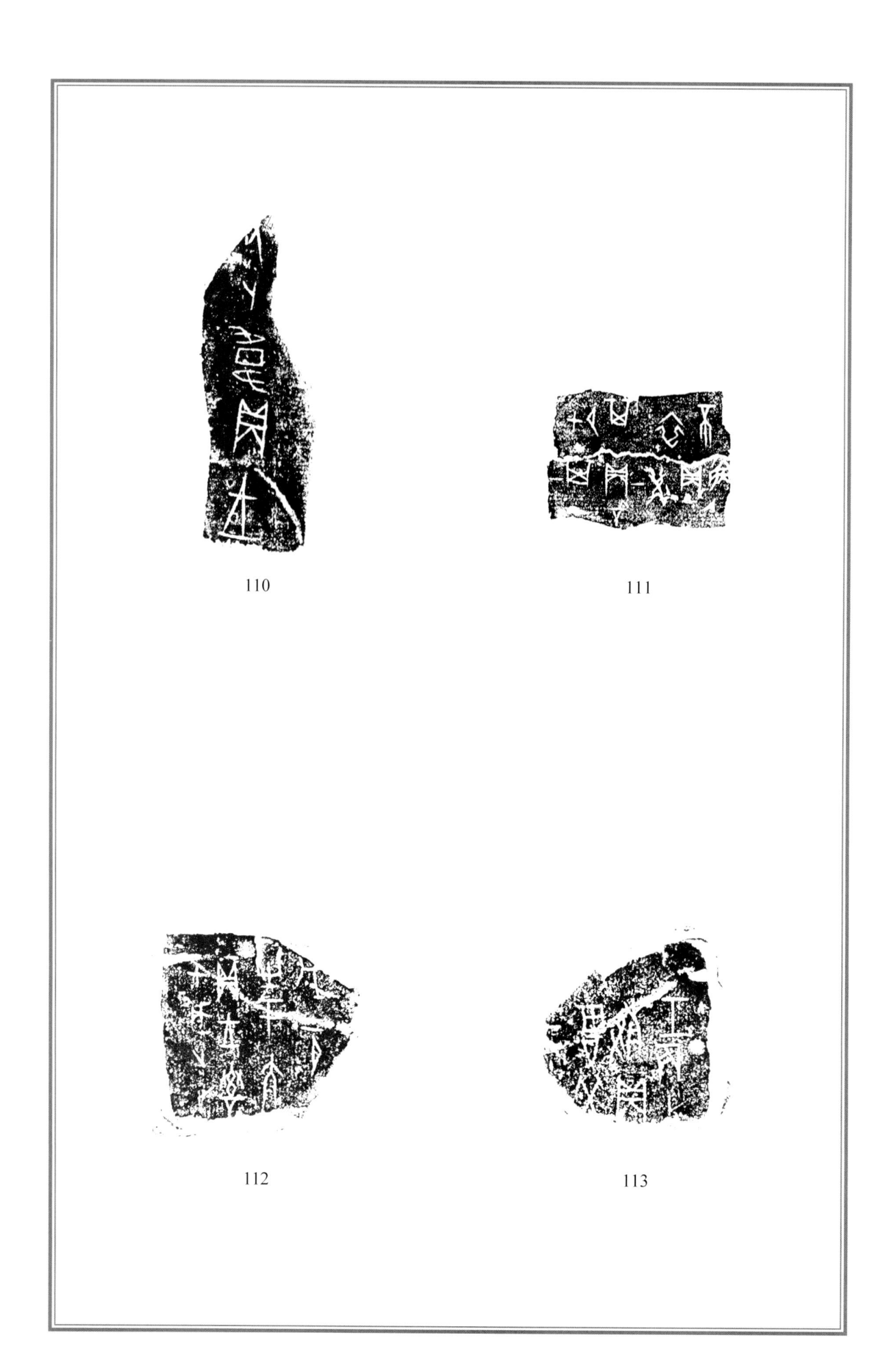

111

112

113

114

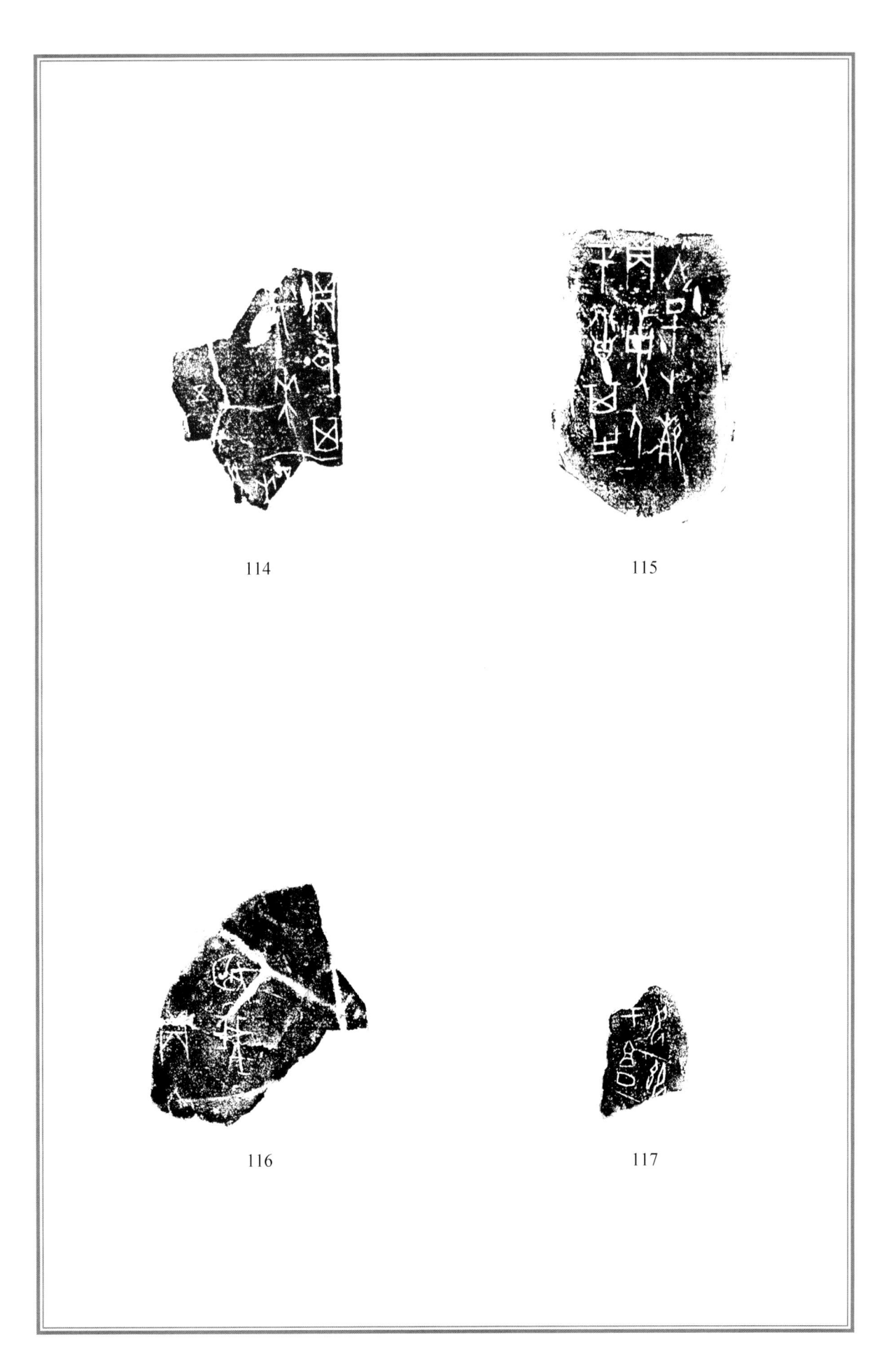

115

116

117

118

119

120

121

122

123

124

125

126

127

128

129

130

131

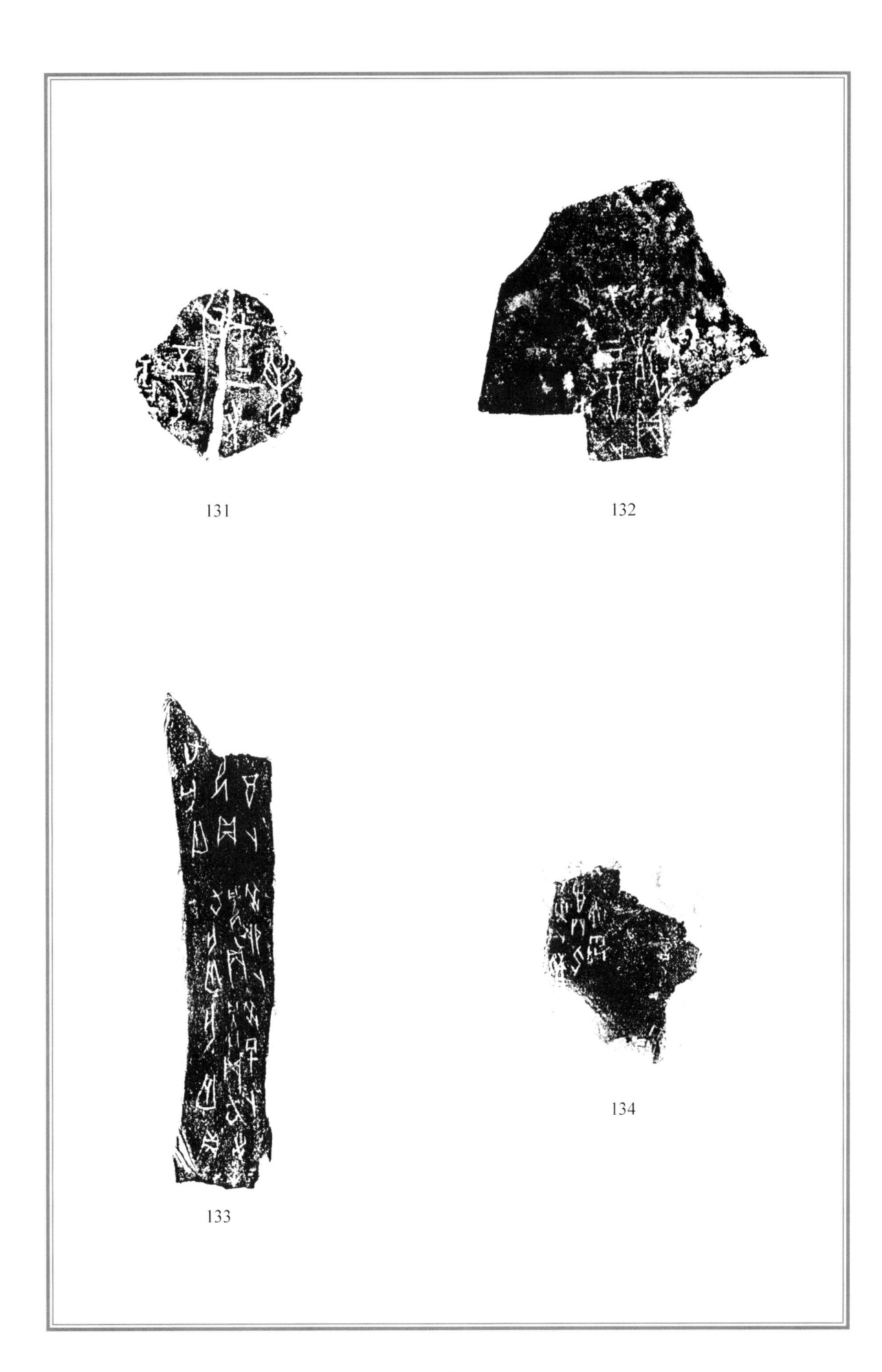

132

133

134

135

136

137

138

139

140
141

142

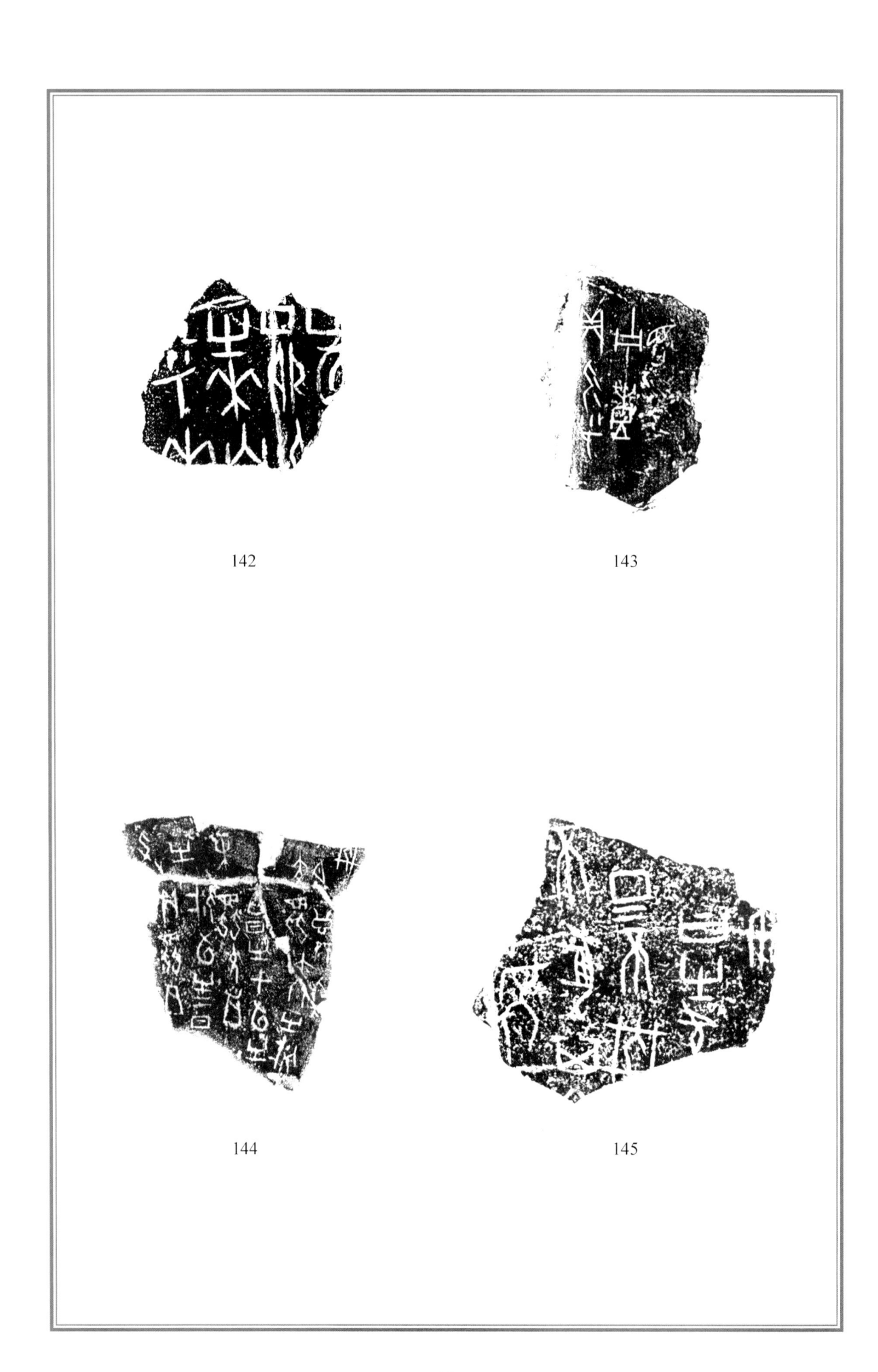

143

144

145

146

147

148

149

150

151

152

153

154

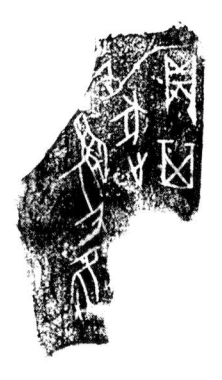

155

156

157

158

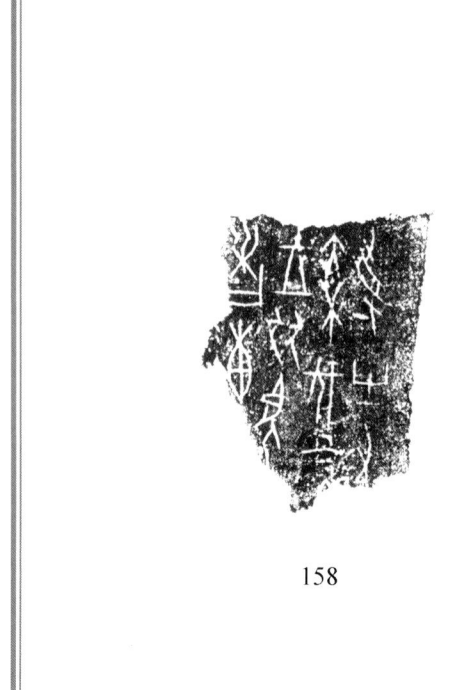

159

160

161

162

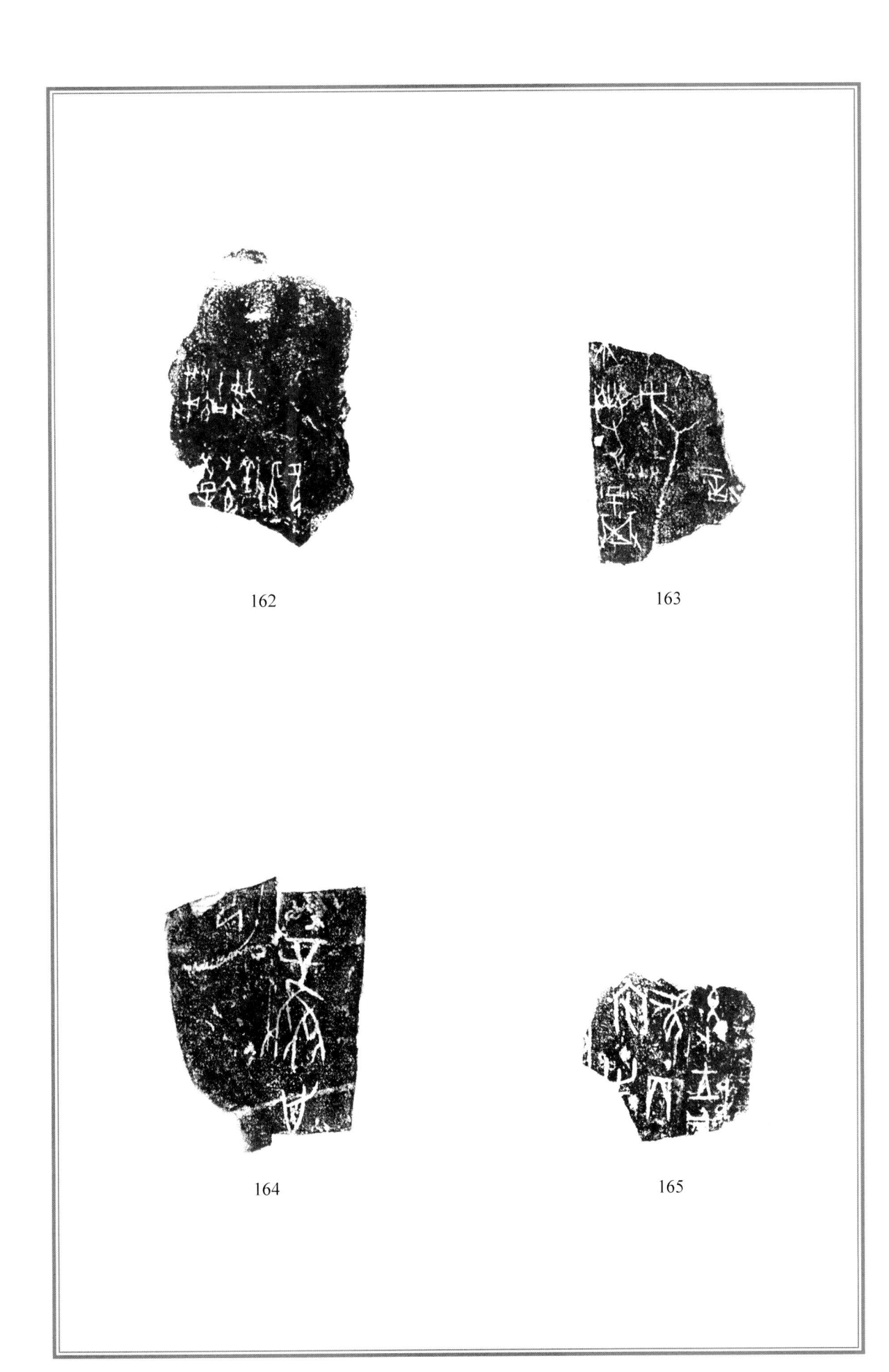

163

164

165

166

167

168

169

170

171

172

173

174

175

176

177

178

179

180

181

182

甲骨釋文

001 **龜腹甲**　　典賓
　　合 1714　鐵 54.1　鐵新 23　通 158

　　貞：勿㞢于祖辛。

002 **龜背甲**　　典賓　天理
　　合 7903　鐵 77.3　鐵新 451　天理 160

　　(1) □□〔卜〕，□貞：夫☒于遭。
　　　〔三〕不玄黽 四 五 小告
　　(2) 貞：〔夫〕☒勿☒。一 二

　　與 008 自重。天理的照片非常清楚（圖1）。

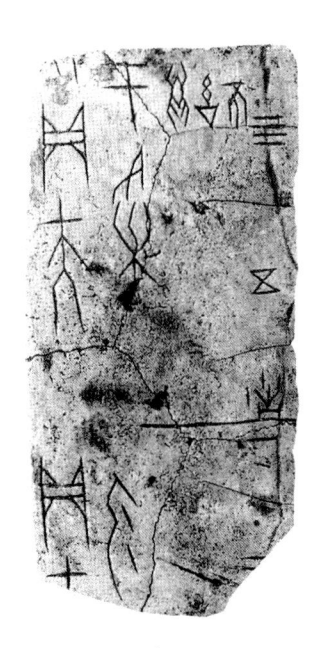

圖 2

004 **牛左肩胛骨**　　典賓　上博
　　合 6177　戩 11.12　戩 48.8　續 3.4.4
　　佚 19　上博 17647.654

　　臼：
　　丙寅帚瘦示五屯。叙。
　　正：
　　戊辰卜，賓貞：登人，乎往伐吾方。一

　　與合相比，本拓本不全，且缺骨臼拓本（圖3）。

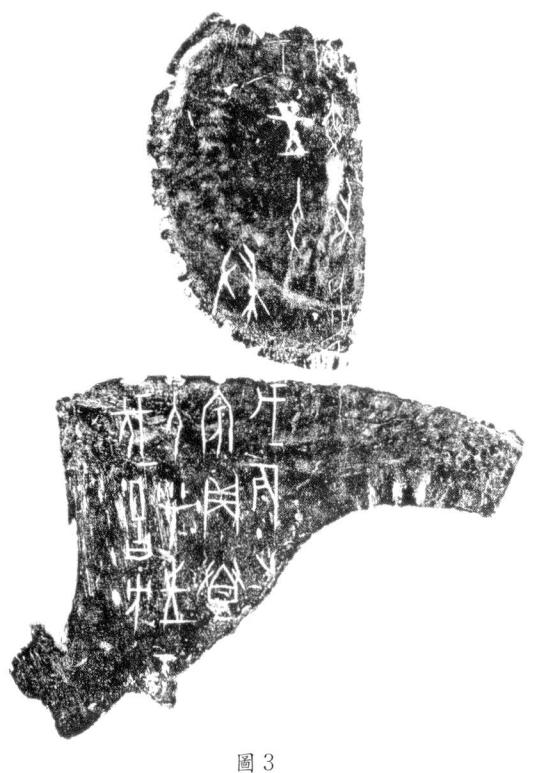

圖 1

003 **牛右肩胛骨**　　典賓　上博
　　合 13262　佚 37　戩 22.13　續 5.16.5
　　續 6.15.1　上博 17647.655

　　壬辰卜，永貞：翌甲午不其易日。
　　一 二

　　合集來源表"重見情況"欄誤爲"續 5.21.4、續 6.21.1"。與合、上博（圖2）相比，本拓片不全。

圖 3

57

005 龜腹甲　　自賓
　　　合 19532　續 5.30.3

　　　□寅卜，王貞：□羨丙□宅屮□。

　　　與 165 自重。

006 龜腹甲　　自賓
　　　合 3363　鐵 157.3　鐵新 754　續存上 1074

　　　乙丑□比侯□。

007 龜腹甲　　自賓　上博
　　　合 18805　後下 40.10　前 4.33.6　戩 48.3　續 2.28.4　上博 17647.386

　　　(1) 己卯[卜，貞]：沚不□受[黍]年。
　　　(2) 庚辰卜，貞：賈戎魚帚，不屮在茲。

　　　"帚"字缺刻橫畫。

008
　　　與 002 自重。

009 龜腹甲　　典賓　檜桓
　　　合 15058　檜桓 2

　　　己丑[卜]，殻貞：尞三小宰，屮□人、琡□三□。

010 龜腹甲　　典賓
　　　合 9556　後下 40.14

　　　乙卯[卜]，□貞：乎田于柚[1]，受年。十一月。一

　　　合選自後下，上邊和右邊無字處不全。今補序數"一"。

011 牛肩胛骨　　典賓
　　　合 5831　前 4.50.3

　　　(1) □[年]□。
　　　(2) 貞：㞢不繇(繆)牽。
　　　(3) □□卜，永[貞]：岳賓□尞。

　　　合選自前，下邊無字處不全。

012 龜腹甲　　典賓
　　　合 4058　鐵 114.3　鐵新 87

　　　□□卜，争貞：翌辛巳乎㞢酒尞于方，不□。

013 龜腹甲　　賓一
　　　合 1943　合 40464　鐵 118.3　鐵新 21　南師 2.62

　　　(1) 庚戌卜，殻□。一
　　　(2) 勿屮□丁。一
　　　(3) 二告

014 龜腹甲　　典賓
　　　□自□齒□。一

　　　原拓貼倒。

015 龜背甲　　典賓　京人
　　　合 12395　鐵 156.3　鐵新 605　京人 177

　　　(1) 貞：翌□不雨。二
　　　(2) 貞：翌□。

　　　與 048 自重。"不"字覆蓋刮刻字"其雨"。

016 龜腹甲　　典賓
　　　合 14194　鐵 61.4　鐵新 729　通 370

　　　丙辰卜，争貞：帝弗□。一

017 龜腹甲　　典賓
　　　合 10361　續 3.45.6　佚 64

---

[1] 王子楊：《甲骨文字形類組差異現象研究》，中西書局，2013 年，第 287—307 頁。

(1) ☐麋,禽☐吉,禽☐。
(2) ☐王陷麋☐。

018 **龜腹甲**　自賓
　　合 39707　續存下 233

　　(1) 甲申卜,王貞:令侯伐北示十屮六示。
　　(2) 丙☐。

此版舊著録只有摹本,即合 39707、續存下 233。摹本"十"字中間有一短斜横,現由拓本可知,短斜横並不存在。

019 **龜腹甲**　自賓　上博
　　合 4414　合 20166　前 4.25.4　戩 33.2
　　歷拓 9449　續 5.29.12　上博 17647.278

　　(1) ☐卯卜,王:勿令夫爰,若? 一
　　(2) 癸未☐。一

020 **龜腹甲**　典賓　浙博
　　合 859　續 5.28.11(全)　鐵零 12　續存下 23

　　(1) 壬子卜,古貞:匕己克逸[1]身。
　　(2) ☐☐[卜],争☐。

合選自續,片形較全(圖4),其餘拓本

圖 4

"身"字殘損,"身"字以往釋文釋作"戠"、"疾",不確。"逸身",可能是指使身體上的疾病消逝。合 641 正"于羌甲御,克逸疾"可資對照。

021 **龜腹甲**　賓一　東大
　　合補 1154(部分)　東大 1009(合補 1154)+1115(圖5)

圖 5

辛巳[卜],內:隹☐𢀛。十二月。

合 1631 有"屮于𢀛"。"𢀛"、"𢀛"爲一字。

022 **龜腹甲**　自小
　　合 20630　鐵 62.1　鐵新 1025　佚 77

　　(1) 壬辰卜,王貞:令侯取𡠗[2]賈涉。
　　(2) ☐貞☐肇☐協☐八月。

023 **牛左肩胛骨**　典賓
　　合 6297　佚 17　考精 26

丁未卜,賓貞:勿令臯伐舌方,弗其受屮(有)又(祐)。

合、佚拓本片形稍全(圖6)。

---

[1] 王子楊:《甲骨文字形類組差異現象研究》,第 241—253 頁。
[2] 陳劍:《"遘"字補釋》,《古文字研究》第 27 輯,中華書局,2008 年。

圖6

024 **龜腹甲**　典賓
　　合 19527　鐵 12.3　鐵新 290
　　(1) 癸丑[卜]，㲋貞：自其㞢☐。
　　(2) 貞：龐㞢。二
　　(3) 貞☐蠱☐。三

025 **龜腹甲**　典賓
　　合 3170　佚 122　考精 77
　　(1) 辛卯卜，賓貞：禦子宁于尋。
　　(2) ☐㞢☐。

　　與 140 自重。

026 **牛肩胛骨**　典賓
　　合 1439　佚 32　考精 42
　　甲申卜，亘貞：🔲禱于大甲。

　　合、佚拓本片形稍全（圖 7）。

圖7

027 **龜腹甲**　賓出　復旦
　　合 5503　鐵 108.4　鐵新 608　續存上
　　164　掇三 567　復旦 205
　　(1) 貞：勿令由。
　　(2) 貞☐雨☐。

028 **龜腹甲**　典賓
　　合 14053　鐵 124.1　鐵新 666
　　(1) 貞：娩，不其㚸（男）。一
　　(2) ☐㞢☐。

029 **牛左肩胛骨**　典賓
　　合 4340　續存上 68　續存補 5.319.1 正
　　臼：
　　壬午邑示八屯。小叙。
　　正：
　　(1) 辛未卜，㱿貞：令攸令人？（从）僑
　　　 ☐鹵☐。一　不玄黽　二
　　(2) 貞：㞢于🔲。一 二
　　(3) 貞：☐令☐。

據續存、續存補，原骨曾爲孫師匡芥藏樓舊藏。合選用的拓本是"上博 96 正、臼"，合集來源表"原骨拓藏"欄說原骨現藏地在"上博"。上博一書未見此版。與合、續存以及續存補相比，本拓雖缺少臼拓，左邊和右上角也沒拓全，但保存了骨邊的下部，提供了更爲完整的信息。骨邊下部可能很早就出現了斷裂，合、續存以及續存補均未拓骨邊下部（圖 8），說明當時下部已完全斷開，並分置兩處，骨邊下部現已不知所踪。早期拓本幸運地保存了骨邊下部，其中還有一個新字——🔲。"🔲"可能是宗廟建築名稱，疑爲"血室"（合 13562、24942、24943、24944、25950、25951）的合文，"血"字有作

"⿱"形者（合16906），與"⿱"字的"⿱"形類似。

圖8

"攸令"，疑指一位名叫"令"的攸侯。"攸令"又見於合17569。"攸侯令"見於合5760＋11574[1]。
"人"字似爲"从"字之殘。

030 **牛右肩胛骨** 典賓 天理
合12424 合補3771 鐵242.1 鐵新572 天理114

(1) 貞：翌庚辰其雨。一
(2) 貞：翌庚辰不雨。庚辰陰，大采〔雨〕。一

與050自重。鐵、天理（即合補，圖9）

圖9

和050的拓本較全，與合補3770（合12425＋珠766蔡哲茂綴，二卜）成套。

031 **龜腹甲** 典賓 國圖（部分）
合6322 鐵244.2 鐵新298

(1) 丁（?）酉卜，☐惠王正舌方，下上若，受我又（祐）。二月。四
(2) 貞：勿☐正舌方，下上弗若，不我其受又（祐）。四

此版甲骨早已斷裂，國家圖書館現藏左半。鐵244.2拓本模糊，合是鐵244.2與善5405（粹1084、誠354）補合而成的，故左半清晰，右半模糊。此例右半較鐵清晰，可見序數、"惠"等字，最末的月份過去以爲是"一月"，現在可知是"二月"。卜日的天干，過去以爲是"己"，現在看來也可能是"丁"，鮑鼎即釋爲"丁"。鐵新298的"惠"字，被誤改爲"貞"。

032 **龜腹甲** 自賓 京人
合6675 後下19.2 後下40.5 京人187

癸未卜，貞：方允其肇。二月。

033 **龜腹甲** 典賓

(1) 小告
(2) ☐受年。九

034 **龜背甲** 自賓
合1447 續1.11.1

☐☐卜，王貞：勾☐于大甲。

合選自續，拓片更全（圖10），本拓缺損右下一小塊。

---

[1] 李愛輝：《甲骨拼合第312則》，中國社會科學院歷史研究所先秦史研究室網站，2015年10月7日。

圖 10

035 **龜腹甲** 典賓
合 8921　鐵 173.2　鐵新 713

貞：不其得。二

與 181 自重。

036 **龜腹甲**　典賓　國圖
合 3887　鐵 90.4　鐵新 728　善 18936
京津 1722

庚辰卜，永貞：若。

與 156 自重。

037 **牛左肩胛骨**　典賓　津博
合 6233 正　續存上 565　歷拓 10334 正

臼：
己丑帚井示三屯，自古乞，□。
正：
(1) 貞：勿乎伐吾方，[受屮（有）]又（祐）。
(2) 貞：乎伐吾方，受屮（有）又（祐）。五月。三

本拓缺臼，合選自歷拓，拓本更清楚（圖 11）。

圖 11

038 **牛左肩胛骨**　無名　京人
合 28525　續 3.32.2　京人 2011

□酉卜：翌日壬王其田，湄日□。

039 **龜腹甲**　自小　國圖
合 13339　後下 39.10　京津 518　善 7819　通 405（不全）

一月丙子□方□今日□風□。

040 **牛肩胛骨** 典賓

(1) □□卜,賓□堪王事□。
(2) □王占曰:虫[求(咎)]□。

041 **牛肩胛骨** 典賓 書博

合 14649　珠 396

□貞:酒河五十牛□。

合、珠僅存下半,本拓相對完整,保存了上半的"貞"、"酒"二字。

042 **牛肩胛骨** 典賓

(1) □河□。
(2) 勿乎皋取牧。
(3) 貞:乎取牽。
(4) □皋□。

原拓貼倒。本拓中的"取牧"、"取牽"爲新見辭例。

043 **龜腹甲** 自小 早稻田

合 20418　前 4.50.2　續 5.18.8　日彙 4

□□卜,王貞:勿蕭(緩)令人自丙午至于庚戌曰:方其圍朕,孚。

合選自續,拓本左下更完整(圖 12)。

圖 12

044 **龜腹甲** 賓一

合 9592　鐵零 74　續 5.19.7　續存下

373　掇三 458

□子卜,殻貞:王往雀(觀)洒。三月。

045 **龜腹甲** 典賓

合 10769　鐵 60.4　鐵新 412

乙丑卜,殻貞:儔以禽友率□。二 三

與 049 自重。本拓比合、鐵清楚,序數"二"及"以"、"友"、"率"等字還能辨識出。

046 **龜腹甲** 典賓 京人

合 2255　京人 40

貞:不佳父乙。二

047 **龜腹甲** 典賓

己亥卜,殻貞:王亡易□。

048

與 015 自重。

049

與 045 自重。

050

與 030 自重。

051 **龜腹甲** 典賓

合 11448　鐵 114.1　鐵新 823　前 5.6.4

正:
(1) □自▨,三日丁卯[王狩]敝,允虫害,衁▨[1],馬□,亦付[2]在[車],皋馬[亦出]錫。
(2) 二
(3) 二

---

[1] 此字表"車轅斷",參蕭良瓊:《卜辭文例與卜辭的整理和研究》,《甲骨文與殷商史》第 2 輯,上海古籍出版社,1986 年。
[2] 陳劍:《釋殷墟甲骨文的"付"字》,《古文字研究》第 31 輯,中華書局,2016 年。

(4)一
(5)一
(6)三
反：
(1)貞☒雨。
(2)貞☒。

此版可與合17031+11447(龜1.7.11不全、珠1368)+8250(合補6475、北圖2181)+京津2849(李愛輝、黃天樹綴,圖13)綴。[1] 內容可與合11446、合584甲+9498+7143+東大571+合補5597(蕭良瓊、劉影、李愛輝綴)、合補4923(合583+713)+合11454+40663(蔡哲茂、劉影綴)對照。[2]

圖13

---

[1] 李愛輝:《甲骨拼合第434~440則——附替換綴合一則》,中國社會科學院歷史研究所先秦史研究室網站,2018年10月30日。
[2] 黃天樹:《卜辭"畢馬亦有傷"補說》,《古文字研究》第32輯,中華書局,2018年。

052 **龜腹甲**　　𠂤小　天理
合 20479　鐵 149.3　鐵新 499（右）　天理 304

(1) 辛酉卜，王貞：方其至今八月。乙丑方☒。
(2) 辛酉卜，王貞：方不至今八月。
(3) 癸☒殺[1]☒。一
(4) 癸☒。
(5) ☒午☒。
(6) ☒申☒帚☒其☒。

天理的照片更清楚（圖 14）。本版可與合 20480（鐵 154.3、歷拓 11292、續存上 517）綴合，即鐵新 499、合補 6627、綴彙 546（嚴一萍綴，圖 15）。

圖 14

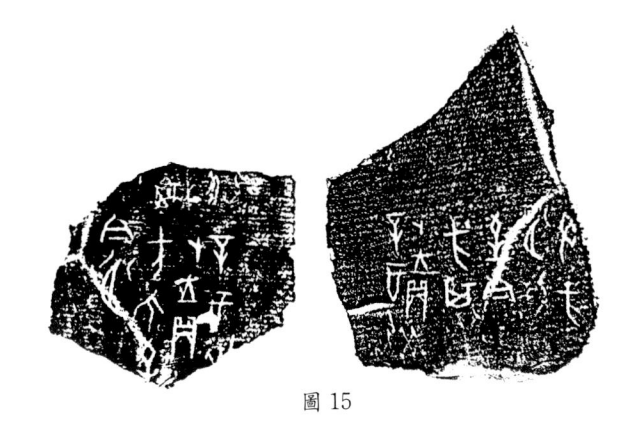

圖 15

053 **牛右肩胛骨**　　典賓
(1) 壬戌☒貞：或[2]☒賓☒。
(2) 壬戌☒貞：或☒其☒。

054 **牛左肩胛骨**　　典賓　山博
合 10085 正　鐵 216.1　鐵新 195　佚 886　山珍 949

臼：
丁亥邑示六屯。岳。
正：
(1) 貞：禱年于夔九牛。二
(2) 辛酉卜，賓貞：禱年于河。二

合更完整，且有臼部拓片（圖 16）。此骨現藏山博，合集來源表誤謂原骨藏歷博。

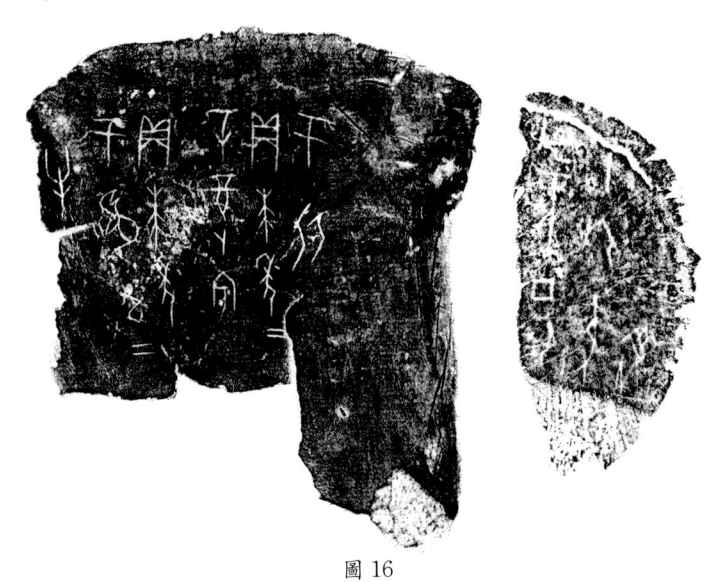

圖 16

---

[1] 陳劍：《試說甲骨文的"殺"字》，《古文字研究》第 29 輯，中華書局，2012 年。
[2] 謝明文：《"或"字補說》，《出土文獻研究》第 15 輯，中西書局，2016 年。

055 **牛右肩胛骨**　　典賓　上博
　　合 9026 正　鐵 119.1　鐵新 479　續 6.22.9　戩 44.6（背拓即殷餘 15.6）　上博 17647.401 正

正：
(1) 貞□以□。
(2) 貞：罕弗其以。

反：
(1) 癸亥卜，爭。
(2) □未卜，永。

合、上博均有反面（圖 17）。

圖 17

056 **材質不明**　　典賓
　　合 5004　續 5.30.10　鐵餘 9.1

貞：余□聞舌□。［二］

本拓左側比合完整。相關內容可參合 19174、19173。

057 **材質不明**　　典賓
　　合 121　鐵 95.4　鐵新 468　南坊 3.74　掇三 769

□戠□匃□。

與 091 自重。

058 **龜腹甲**　　典賓　國圖
　　合 16220　京津 638　善 1731

(1) □尹血□曽十□宰。
(2) □曽□。一

與 136 自重。

059 **牛左肩胛骨**　　典賓
　　合 17076　鐵 247.2　鐵新 684

正：
(1) 癸卯卜，㱿貞：旬亡［憂］。
(2) 癸丑卜，㱿貞：旬亡憂。王占曰：出求（咎），五丁巳子陷殞。一
(3) 癸亥卜，貞：旬亡憂。
(4) 癸□［卜］，貞：［旬］亡［憂］。

反：
□求（咎），其出□。

本拓可與合 16913 正（鐵 18.3、戩 30.10、續 4.39.7、歷拓 9444 正、上博 17647.769 正）綴（林宏明綴[1]，圖 18）。與合 17077（二卜）成套，與合 17078 同文。"五"後漏刻"日"字。

060 **牛左肩胛骨**　　典賓
　　合 2955　鐵 151.1　鐵新 267

(1) 己亥卜，㱿貞：王勿入。二
(2) 丙戌卜，賓貞：子商其求（咎），［出］憂。［七月］。二

本版與合 2954（一卜）成套。

061 **牛左肩胛骨**　　典賓　國圖
　　合 14762　後上 9.10　善 93

(1) 癸丑卜，㱿貞：我不其受□。

---

[1]　林宏明：《甲骨新綴第四七例》，中國社會科學院歷史研究所先秦史研究室網站，2009 年 11 月 9 日。

19），但張先生綴的合補602不成立，因爲綴合後，合補602和本拓的骨面頂端不在同一水平綫上，而本拓的頂端顯然沒有殘缺，且已拓到了骨面的最高處（圖20）。另，合補602"殼"字左邊，是沒有筆畫痕迹的

圖18

(2) 貞：屮于王恒。二

本版與合14763（一卜）成套。

062 **牛右肩胛骨**　典賓
合9529

(1) ［辛丑卜，殼］貞：帚妌乎黍于丘商，受年。
(2) 貞：使人于畫。
(3) 貞：我年屮害。
(4) ☐。

本拓比合更完整、清楚。張宇衛先生曾將它與合補602（善14483）綴合，並指出其與合9530爲成套卜辭；林宏明先生後來加綴了合40117（英藏813）[1]。林先生的加綴沒問題（圖

圖19

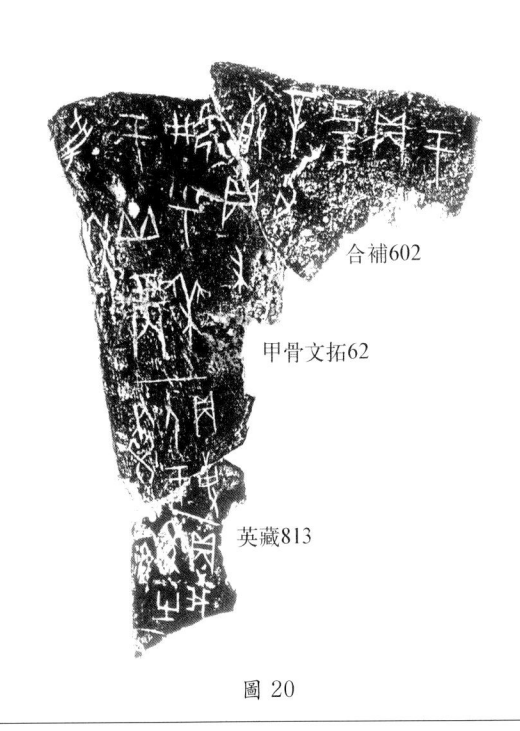

圖20

---

[1] 參張宇衛：《甲骨綴合第十三～十七組》，中國社會科學院歷史研究所先秦史研究室網站，2011年12月21日；林宏明：《甲骨新綴第347例》，中國社會科學院歷史研究所先秦史研究室網站，2012年7月23日。

（此信息承國家圖書館趙愛學先生目驗原骨並告知），所以"姘"字也無法綴上。合補602、本拓＋合40117（英藏813）與合9530當是三版成套卜骨。

063　牛左肩胛骨　　典賓　山博
　　合13920　山珍781

（1）貞：周弗其肩興虫疾。
（2）貞：不隹帚姘憂。
（3）肩興。
（4）□帚□憂。

合、山珍僅有上半，此例保存了下半兩條卜辭和上半的"憂"字，内容更爲豐富。這版屬於相間刻辭，自下而上，第(1)辭和第(3)辭、第(2)辭和第(4)辭分別卜問同一件事，契刻則分別用了粗、細字體。

064　牛右肩胛骨　　典賓　上博
　　合12094　鐵200.2　鐵新584　戩17.3
　　續4.19.7　上博17647.131

（1）貞：今日不其雨。
（2）貞：御子𦥑于父乙。

本拓比其他著録都要完整，保留了骨版上部的"貞"、"𦥑"、"父"字。本拓比第一部甲骨著録書《鐵雲藏龜》的著録還要完整，說明其墨拓時間相當早。

065　牛右肩胛骨　　典賓　津博
　　合561　續存上614

（1）己丑卜，賓貞：或受又（祐）。三
（2）癸巳卜，賓貞：翌丙申用僕。二

本拓比合清楚。(1)辭塗朱。

066　龜腹甲　　賓一
　　合11752　鐵107.3　鐵新607

（1）丁巳卜，㱿貞：雨。
（2）貞：不其雨。

067　牛左肩胛骨　　典賓
　　合6171　龜2.27.6　通30

戊寅卜，㱿貞：勿登人三千，乎伐吾方，弗［其受虫（有）又（祐）］。三

合、龜、通下部剪裁，不全，本拓未剪，片形更全。

068　龜腹甲　　𠂤賓

［辛］巳卜，王：𢀛其受朕史又（祐）。四

本拓與合8426（歷拓4200，故宫）、合8427（本書153、鐵146.4、鐵新865、南坊3.59）内容相關，或爲一版之折。"𢀛[1]"爲"𢀛方"的省稱。

069　龜腹甲　　典賓　廣州博
　　合13883　佚8　京津1667　歷拓11348

（1）庚辰卜，内貞：侯專肩興虫（有）疾。七
（2）貞□王□。一二

(1)辭的序數以往漏釋；(2)辭序數"一"餘殘畫。

070　龜腹甲　　典賓　東大
　　合13964　合補4061正　續5.32.3　東大1078a

正：

---

［1］　關於此字的釋讀，可參謝明文：《甲骨文"𢀛""夬"補釋》，《出土文獻與古文字研究》第8輯，上海古籍出版社，2019年。

癸卯□取婏□占曰□。
反：
□占□。

正面文字涂朱。東大、合補公布了反面文字（圖21）。

圖21

071　牛左肩胛骨　　典賓　　上博
合6514　　續3.11.2　　戩13.4　　上博17647.688

貞：今旦王勿伐下危，弗其[受业（有）又（祐）]。五

合、戩（朱孔陽本[1]）、上博（圖22）右側最完整。

圖22

072　龜腹甲　　賓一　　上博
合6579　　續5.26.2　　佚125　　戩44.14
上博17647.394

(1) □子[商]弗[其]捷[基]方。
(2) □其□基[方]。
(3) 己卯卜，[殼]□。
(4) 貞□弗[其]捷□。四

073　龜腹甲　　典賓　　浙博
合1202　　續1.36.1　　鐵零25　　續存下178　　掇三21

(1) 丁卯卜，□弗亦□朕□。
(2) 戊辰卜：[既]上甲眔河，[我]敦衞□。
(3) 戊辰卜：既上甲眔河，我敦衞，[弗]其□。

與合1197（續5.18.9、佚6）綴合（李愛輝綴，見拼合297，圖23）。

圖23

074　龜腹甲　　典賓
合6921　　鐵61.3　　鐵新463

貞：勿取我。

與116自重，內容與合6920有關。

075　龜腹甲　　白賓
合10374（綴合版）　　鐵5.1　　鐵新379[鐵5.1+120.1（京人261），曾毅公《甲骨綴合

---

[1] 宋鎮豪、朱德天編集：《雲間朱孔陽藏戩壽堂殷虛文字舊拓》，綫裝書局，2009年。

編》234 的部分]

(1) 庚[戌]☒乎弜狩[麋],禽。
(2) 辛亥卜,王貞:乎弜狩麋,禽。一
(3) 辛亥卜,王貞:勿乎弜狩麋,弗其禽。七月。一

與鐵120.1(京人261)、考盂144綴合爲合10374(圖24),內容與合10375、10377有關。

圖24

076　**龜腹甲**　典賓
合2676正　鐵123.2　鐵新723

正:
貞:帚好不隹之[若]。
反:
☒。

合有反面(圖25)。合集來源表"選定號"欄中是"歷博拓75正,反",應指本版甲骨,但本集現只存正面,沒有反面。

077　**牛肩胛骨**　典賓
合15420　合補4453(綴合版)　鐵116.1
鐵新719(綴合版)

(1) 貞:勿用。
(2) 貞:用。
(3) 貞:用。
(4) 勿用。
(5) 貞:告。
(6) [貞:王徝]土[方]。

合選自鐵,本拓比合清楚些。與合15415(合15229、鐵34.2、京津954、善14358)綴合,嚴一萍綴,即鐵新719、合補4453、綴彙540(圖26),內容可參

圖25

圖26

合 6391、英藏 580（合 39880）+東文庫 164（蔡哲茂綴 540 號）。

078 **牛左肩胛骨** 典賓 旅博
合 3226 正　鐵 241.3　鐵新 101　佚 42
北大 1 號　旅藏 202 正

臼：
壬申史丁（"示十"合文[1]）屯，小叔。
正：
(1) 戊子卜，古貞：唐☒。
(2) 戊辰卜，韋貞：觶[2]子㝬。一

合、旅藏有臼拓（圖 27）。

圖 27

079 **牛肩胛骨反面** 典賓
(1) ☒咸戊、學戊☒。
(2) ☒王[占]☒。

080 **龜腹甲** 自賓 故宮
合 1090　合補 2413 乙　鐵 272.1　鐵新 470　前 6.21.4（不全）　續 6.11.2　凡 29.4

(1) 王賈以黃。一月。
(2) 辛卯卜：及屮剢。十月。

內容可參合 1091（合補 2413 甲）、合 1092、合 1093。

081 **龜腹甲** 典賓
合 3190　佚 14　鐵餘 4.1
(1) 壬戌卜，[殻]貞：乎子狄屮于忠犬。一
(2) [壬戌卜]，殻[貞]：乎子狄屮于忠惠犬屮羊。一

082 **龜腹甲** 典賓 上博
續 5.6.7　續 6.17.3（不完整）　歷拓 9688
南誠 50　殷餘 17.2　上博 17647.582（不完整）

☒辰卜，☒貞：弗其及今十月☒。

083 **龜腹甲** 自賓
合 10677　鐵 87.1　鐵新 798　後下 9.2
(1) ☒余☒焚☒。
(2) ☒余☒焚☒。
(3) 戈☒由☒。

合、鐵、鐵新下半部全（圖 28）。"戈"字，以往釋文釋爲"戊"。

圖 28

084 **牛肩胛骨** 典賓
合 16902　資料室 10
(1) 癸亥卜，賓貞：旬亡憂。

---
[1] 孫亞冰：《甲骨文合文三則　附："樂"的未識甲骨文字形》，《故宮博物院院刊》2019 年第 1 期。
[2] 李春桃：《從斗形爵的稱謂談到三足爵的命名》，《中研院史語所集刊》第 89 本第 1 分。

(2) 癸☐。

本拓比合清楚。

085 **牛右肩胛骨** 賓一 俄羅斯
合 7778　資料室 13　蘇*德美日 3　俄藏 13

(1) 辛未卜，争貞：王勿卒徝☐。六
(2) 辛未卜，争貞：王于生七月入于商。六

本拓比合清楚。"辛"後以往多誤擬爲"入"。與合 7776、7777 成套。

086 **龜腹甲** 典賓

(1) 戊辰卜，殼貞：尞于河三豕三羊，沉五牛，宜宰。
(2) 貞：乎☐。

與 102 自重。本版與合 14555（南師 1.5、外 189，三卜，貞人是"争"）、合補 4089（天理 9）爲成套卜辭。

087 **龜腹甲** 自賓
合 4584　前 1.44.3

(1) 庚辰卜：令疋于成。
(2) ☐殞☐。

合選自前，上部邊緣剪裁，本拓較完整。

088 **龜腹甲** 出一 京人
合 24428　鐵餘 8.1　續 2.28.2　書道[1] 21　京人 1363

(1) 甲辰卜，出貞：商受年。十月。三

(2) 己亥☐貞：今☐其爻☐雨，之☐。

089 **龜腹甲** 典賓
☐䎽允☐煬亡☐。二

090 **龜腹甲** 自賓　京人
合 16404　續 5.7.1　京人 29

(1) 丁[未]☐王[奏]☐于祖☐。
(2) 貞：成若王。

091

與 057 自重。

092 **龜腹甲** 典賓　東大
合補 2539　東大 1014

(1) ☐十三月。不玄黽
(2) ☐受年。不玄黽

合補選自東大，本拓比合補、東大完整，保留了左下角的"受"字。

093 **龜腹甲** 自小
合 20007　合 19826（不全）　鐵 54.2　鐵新 1012　京津 2927（不全）　考孫 53

(1) 丁丑卜，𠂤：屮兄丁羊惠今日。用。五月。二
(2) ☐禱☐乙☐用。
(3) ☐寅卜，王：☐牛☐庚。
(4) ☐叔于大丁。十一月。

本拓上邊和右側字迹不清。合 20007 選自考孫，片形完整；合 19826 選自京津，左側殘。(4) 辭"叔"、"十一月"諸字據較清楚的鐵 54.2（圖 29）釋。

---

[1] 下中邦彦：《書道全集》第 1 卷，平凡社，1954 年。

戩 38.6　歷拓 9512　上博 17647.693

癸丑卜，貞：方其出。一月。一

合、戩（朱孔陽本）、上博（圖31）完整。本拓及鐵、續、戩（王國維本）不全。

圖 29

094　**牛右肩胛骨**　　典賓　天理
合 2055　合補 123　鐵 137.3　鐵新 11
天理 26

(1) 貞：⿱出于祖乙。
(2) 貞：勿往出。
(3) □勿□。

合選自鐵，合補選自天理（圖30），均比本拓清晰完整。

圖 31

096　**龜腹甲**　　典賓　國圖
合 16056 正　京津 2463 正（京津 950 反）
善 16808 正

正：
己亥卜，㱿貞：出石□其?□。
反：
□占□隹既□工□。

本拓比其他著錄都更完整，保存了上部的"己"、"㱿"、"出"和右邊的一點甲橋，但缺反面（圖32）。內容可參合 7695（鐵 104.3、掇三 544）。

圖 32

圖 30

097　**龜腹甲**　　典賓　南博
合 13952　合補 419（不全）　合補 4037（不全）　鐵 75.1　鐵新 667　南博拓 800

095　**牛左肩胛骨**　　自賓　上博
合 6711　鐵 207.1　鐵新 536　續 5.25.8

（不全）

(1) □貞：□其隹□婉□丑□帚□。
(2) 壬□姘不□。

與合13976（掇126、七S28）綴合（蔡哲茂綴393號，圖33）。

圖 33

098 **牛右肩胛骨**　　典賓　吉博
合5137　續存下387　前6.37.3（不全）
吉博67

(1) 貞：帚不其肙（蠲）。
(2) 帚弗疾。
(3) 貞：王去束。
(4) 貞：亡其來自西。
(5) 貞：王勿去□。

與合補441（天理179）綴合（蔡哲茂綴390號，圖34）。

099 **牛左肩胛骨**　　典賓
合4813　鐵185.3　鐵新448

丁巳卜，賓貞：乎弓宓它夸，弗喪。
二 三

合選自鐵（圖35），部分文字更清楚，內容可參合19117（京津2189）。

100 **龜腹甲**　　典賓
合8339（不全）　鐵餘12.2　續3.30.3
（不全）

(1) 貞：屮不若。在兆。一

圖 34

圖 35

(2) 亡不若。在兆。一

合選自續，下部裁剪。與合 8340[合補 4582、善 5946、鐵餘 12.4（多一個"亡"字）、續 6.24.4（不全）、續存上 1300]遙綴（蔡哲茂綴 514 號，圖 36）。

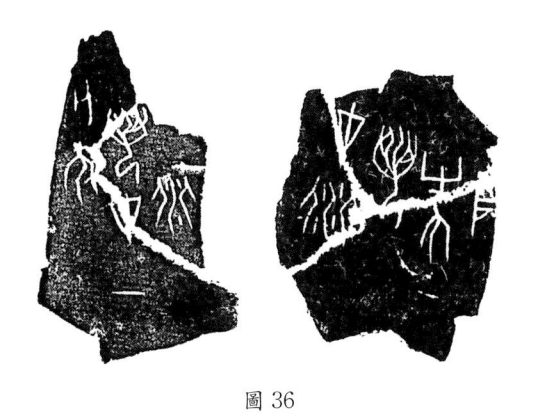

圖 36

圖 37

101 **龜腹甲**　典賓
　　合 1718　鐵 176.3　鐵新 65　通 155

　　□午卜，賓貞：御于祖辛，卯十□。一 二

　　本拓文字更清晰。

102
　　與 086 自重。

103 **龜腹甲**　典賓　京人
　　合 9610（綴合版）　續 5.29.2　佚 4　書道 5　京人 277（綴合版）

　　(1) □卯卜，古貞：䢅妌田不其隻。五 六
　　(2) 貞：王勿往省[牛]于敦。

　　合選自京人，上綴書道 15（圖 37）。

104 **龜背甲**　典賓
　　合 4993　京津 2314

(1) 貞：余曰□。一　小告　二　[三]
(2) 貞：余曰亡其來。[一]　[二]　三

合選自京津，只有上半部分，本拓完整，保留了下半的一條卜辭。(2)辭中的"其"字缺刻橫畫，《殷墟甲骨刻辭摹釋總集》摹出了下面一橫，《殷墟甲骨文摹釋全編》把下面一橫和上面兩橫都摹出來，均不確。

105 **牛左肩胛骨**　典賓
　　合 7492　佚 22　考精 31

(1) 辛卯卜，㱿貞：勿令望[乘先歸]。四
(2) 壬辰卜，㱿貞：王勿隹沚馘比。四

合選自考精，拓本更完整（圖 38）。本版與合 7490＋合補 1534（合補 2978）（蔡哲茂綴合 380 號，一卜）、合補 2069（綴彙 428、合 7493＋4001）（白玉崢綴，五卜）成套。

圖 38

圖 39

106 **牛左肩胛骨** 典賓 國圖
合 7195　北圖 2137　文捃 1047

(1) 貞□隹[艱]。
(2) 貞：允隹艱。
(3) 貞：不隹艱。

107 **牛左肩胛骨** 典賓

(1) [貞]：□隹□我□。
(2) 貞：勿共人。
(3) 隹㚔我在田(兆)。

內容與合 17248（前 5.22.5）、輯佚 291、合 6088（珠 172）＋合 39589（英藏 660）（林宏明綴）[1]、合 6089（上博 17647.385、戩 46.12、續 6.8.6、歷拓 9612）等相關。

108 **龜腹甲** 典賓
合 9718　考精 2

□□[卜]，殼貞：我不其受年。□月。三

與合 9831（六清 46、覺玄 84、外 265）遙綴（李愛輝綴，見拼合 306，圖 39）。

109 **龜腹甲** 自賓
合 10381　佚 155　考精 84

(1) 庚子□自上甲□至[南庚]□余□。
(2) □麋□允□六□麋□。

與 126 自重。

110 **龜腹甲** 典賓

□丑卜，韋貞：王□。

與 122 自重。

111 **龜腹甲** 賓出 浙博
合 18813　鐵 12.2（全）　鐵新 612（全）
考孫 39　鐵零 50＋53

(1) □魚□。
(2) 貞□菁□。一
(3) 貞□其□。一
(4) 貞：不其卒。
(5) 貞：其雨。七月。一

[1] 林宏明：《甲骨新綴五組》，中國社會科學院歷史研究所先秦史研究室網站，2013 年 3 月 24 日。

合選自考孫，鐵最完整，保存上半部分（圖40）。

圖40

112 龜腹甲　　出一　天理
合 22823　合補 105（不全）　續 1.12.1
天理 21（不全）

(1) 甲戌卜，出貞：王🐚屮于大戊。二月。
(2) 甲戌卜，出貞：其屮于大戊宰。

合補選自天理，左下角殘。本拓與合 22824（後下 40.12、合補 6970、天理 330）遙綴（黃天樹綴，見拼合 41，圖 41）。

圖41

113 龜腹甲　　典賓　上博
合補 3140　鐵 109.1　鐵新 931　續 6.18.5（不全）　殷餘 2.5　歷拓 9752　上博 17647.470

壬辰卜，殼貞：翌癸巳☐。

合補、上博上部缺中間一小塊。

114 龜背甲　　典賓
合 4279　佚 16　續 5.35.2

(1) 貞：或其乎來。五
(2) ☐來☐。

115 牛左肩胛骨　　典賓　古代史所
合 5537　戩 26.9　續 5.17.8（不全）　續 6.16.8（不全）　佚 41（不全）　掇三 740
歷拓 445　中歷藏 438

癸巳卜，殼貞：使人于关，其屮曰三☐。一

合、戩、中歷藏最完整、清晰（圖 42）。與合 5538（中歷藏 436，四卜）成套。

圖42

116
與 074 自重。

117 龜腹甲　　典賓
合 1857　鐵 228.2　鐵新 64　掇 187

于祖丁母御。

118　**龜腹甲**　　自小
　　合 21284　續 5.1.4

(1) 戊寅卜,自貞:陕弗其以出示敉。
　　二月。一
(2) 戊寅卜,自貞:陕其以出示敉。

119　**牛肩胛骨**　　典賓　故宮
　　合 17681 正　鐵 77.1　鐵新 727　歷拓
　　4705 正

正:
(1) 丙午卜□王占曰□隹□菁若兹
　　卜□。
(2) □申□。
反:
王占[曰]□兹卜□。

合選自歷拓,有反面。與明後 1814

綴(蔣玉斌綴,圖 43)。合補 5101 爲
蔡哲茂遙綴的合 17681 + 17056 +
18799,有誤。

120　**龜腹甲**　　典賓　天理
　　合 19104　合補 1313(不全)　佚 39　考
　　精 52　天理 197(不全)

己丑卜,䎦貞:翌庚寅令[壬]。

合選自考精,合補選自天理,左側已
殘。最後一字"壬"據天理照片(圖
44)補。含"令壬"的辭例,還有合
19106 + 5044 + 5045 + 39812(英
436) + 11584(蔡哲茂、李延彦
綴[1])、合 19107、合 4304(東大
421)。

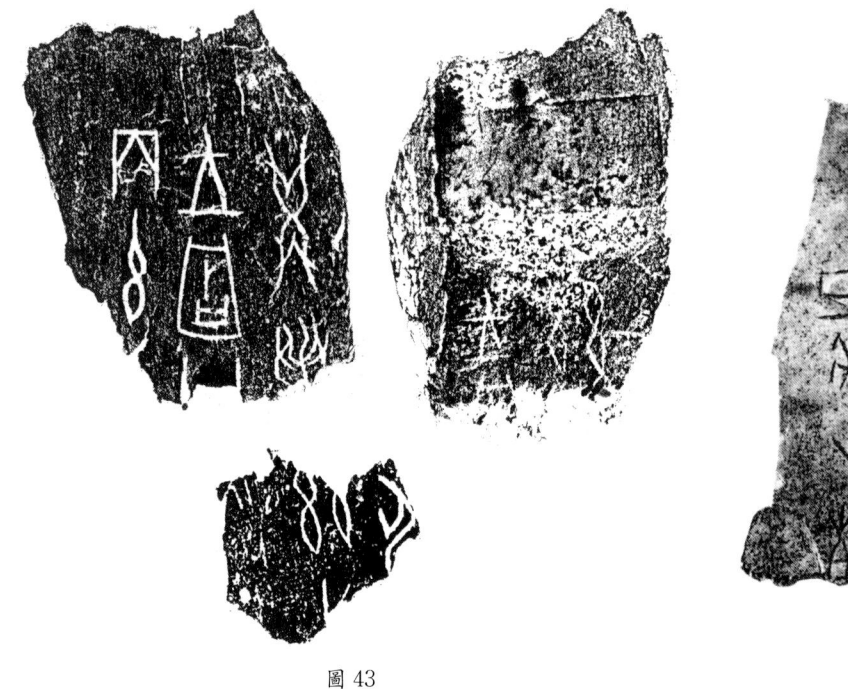

圖 43　　　　　　　　　圖 44

---

[1]　李延彦:《賓組胛骨試綴一則》,中國社會科學院歷史研究所先秦史研究室網站,2009 年 11 月 5 日。

121 **龜背甲**　典賓　上博
合 14429（不全）　續 1.49.1　戩 22.11（不全）　歷拓 9348（不全）　上博 17647.193（不全）

☐禱舌方［于］岳。四 五

合選自歷拓，與戩、上博均殘下部，本拓與續更完整些，續的序數"五"較清楚（圖45），上博的序數"四"較清楚（圖46）。

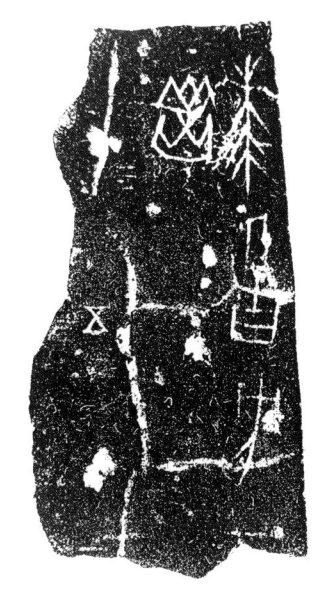

圖 45

圖 46

122
　與 110 自重。

123 **龜腹甲**　典賓　京人
合 6516　鐵 150.3　鐵新 308　京人 331

乙卯卜，殼☐比望乘伐下危，弗其受ㄓ（有）又（祐）。

合選自京人，左邊邊緣拓較完整；鐵右下邊緣全，可見"ㄓ"字（圖47）。內容可參合 6512。

圖 47

124 **龜腹甲**　典賓
合 8379　鐵 203.1　鐵新 718

☐彔允得☐。

125 **龜腹甲**　自賓
合 16000　鐵 120.3　鐵新 763　考孫 7

(1) 己未卜：今日舞，ㄓ☐。一
(2) 己未卜：今日舞，亡［其］☐。一

鐵新 763 將兩個序數摹寫為"二"。

126
　與 109 自重。

127 **龜腹甲**　自小
合 20592　佚 11　考精 18

(1) 丙☐王☐告☐。一
(2) 丙午卜，王：令害臣于兒。六月。一
(3) ☐☐☐多侯。
(4) 己酉☐之☐。
(5) 庚戌卜，王：令☐員于茲。一
(6) 辛亥卜：作庸。

128 **龜腹甲** 典賓 國學院
合 13865　鐵 72.1　鐵新 35　日彙 257
（日彙 258 和合 40556 是其反面）

正：
(1) 己未卜，☐貞：☐妌肩興屮疾。一
(2) 貞：屮于☐庚三十小宰。一
反：
(1) 王占曰☐。
(2) 王占［曰］：吉☐曰☐。

合選自鐵，本拓比合、鐵、鐵新清晰，(1)辭"未"、"卜"字，合、鐵模糊，今據本拓補出。(2)辭序數，鐵新 35 誤摹爲"二"。本版反面摹本曾著錄於日彙 258、合 40556（圖 48）。

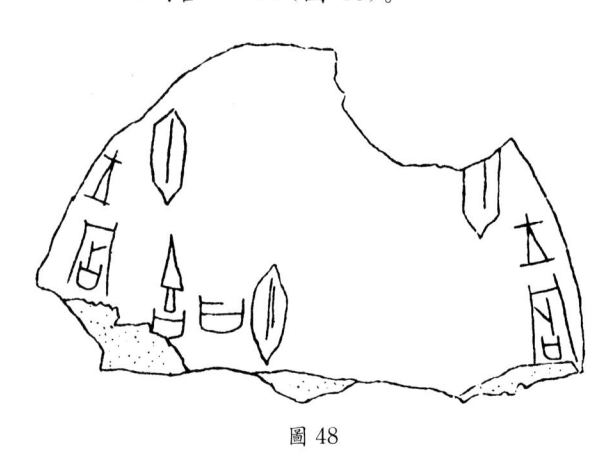

圖 48

129 **牛肩胛骨** 典賓
(1) 乙未卜，亙貞☐。
(2) 貞：今☐。

130 **牛左肩胛骨** 典賓 上海某氏
合 39913　日彙 221　蘇富比 1 正

臼：
古。
正：
(1) 貞：弗其得。一

(2) 庚申卜，爭貞：乎伐方，受☐。四
(3) 一 二
反：
貞：☐品。

合選自日彙 221，日彙 222、223 分別是其反面、臼面，合漏選。蘇富比公布了該版的正面照片以及正、反、臼拓本（圖 49）。[1] "伐"字缺刻橫畫。

正面照片

反面拓本

---

[1] 楊蒙生：《紐約蘇富比 2015 春季拍賣會所見部分中國古文字資料簡編》，《甲骨文與殷商史》新 7 輯，上海古籍出版社，2017 年。

白面拓本
圖 49

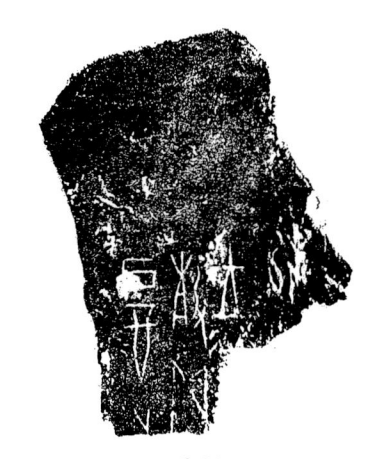

圖 51

131 **龜腹甲** 典賓 天理

合 8565　合補 4574　續 4.35.2　天理 164

(1) ☐若☐我又(祐)。
(2) ☐吉☐五月。

原拓貼倒。天理的照片非常清楚（圖 50），"我"字下有一淺道，疑非序數。

圖 50

132 **牛肩胛骨** 典賓

合 5196　鐵 51.2　鐵新 707

己酉卜,㱿貞：王☐歸。

合選自鐵（圖 51），本拓比合、鐵、鐵新完整，但不如其清晰。

133 **牛肩胛骨** 出組

(1) 癸未[卜,祝]貞：旬[亡憂]。
(2) 癸巳卜,祝貞：旬亡憂。
(3) 癸卯卜,祝貞：旬亡憂。
(4) [癸]酉卜,祝貞：旬亡憂。

134 **龜腹甲** 賓一

合 12377　鐵 158.2　鐵新 588

(1) 乙未卜,㱿☐：翌丙申不雨。二告
(2) ☐雨☐。

原拓貼倒。

135 **龜腹甲** 典賓 天理

合 15891　合補 4424 正　鐵 154.1　鐵新 163　天理 75a

正：
己亥卜,爭貞：翌庚子其宜[其]出追?。
反：
壬辰☐。

合選自鐵,合補選自天理,合補、天理有正反面（圖 52），文字清晰。類似內容可參合 2387（歷拓 7054、山珍 850）。

圖 52

136 與 058 自重。

137 **龜腹甲** 典賓 上博
合 7728 正 鐵 39.3 鐵新 335 戩 45.16
續 4.37.1（不全） 歷拓 9599 正 上博
17647.382 正

正：
辛亥卜，㱿貞：弗其捷。一
反：
帚井☐。

本拓雖然字迹不清楚，但片形最完整，左下部比其他所有著錄（包括鐵 39.3）都多出一小塊，說明其墨拓時間非常早。合選自歷拓，與上博均有正反面（圖 53）。

圖 53

138 **龜背甲** 典賓
合 9979 鐵餘 11.2 續 5.7.10
☐魯受黍［年］。［二］ 二告 三 四

139 **牛左肩胛骨** 典賓
甲辰［卜］，韋貞：其屮☐羌若。

140 與 025 自重。

141 **龜腹甲** 賓三 故宮
合 5690 鐵 37.1 鐵新 737 續 4.33.5
（不全） 凡 27.4

甲申卜，爭貞：亞亡不若。十二

月。一

142 **龜腹甲** 典賓
合 19660 合 7132（不全） 鐵 165.1 鐵新 544 續 6.18.1（不全） 殷餘 3.4（不全）

☐旬☐丁卯允☐屮來自☐乎來☐。

合 19660 選自鐵，與本拓片形較全；合 7132 選自續，左側"乎來"兩字殘斷。

143 **牛肩胛骨** 典賓 京人
合 3508 反 續 5.24.5（不全） 京人 962a

正：

貞：勿乎賈壴眾。一
反：
勿☐咸戊☐寮☐。

與155自重。合選自京人，有反面（圖54），合把正面誤爲反面、反面誤爲正面。

圖54

144 龜腹甲　自賓
合 13753　鐵 5.3　鐵新 642　佚 123　通 788

☐申卜，貞：㱃肩［興］出疾。旬出二日☐未㱃允肩［興］，百日出七旬出☐☐寅，㱃亦出疾，☐夕向丙申☐殟。

145 龜腹甲　典賓
合 17136　鐵 76.3　鐵新 264　前 4.52.1　續 5.1.2

☐不☐曰：出害☐丁不殟☐不犬其☐馨☐。二

146 龜腹甲　賓一　上博
合 1384　合 15731　鐵 142.1　鐵新 125　戩 22.7　續 2.8.4　歷拓 9345　上博 17647.192

(1) 貞：翌乙未酒成。
(2) 丙申卜，［殼］：翌丁。

合1384選自鐵（合集來源表的"選定號"欄裏填的是"歷博拓146"，即指本拓。通過對比拓本知道，合實際上選的是鐵，合集來源表誤），合15731選自歷拓，文字較清晰。

147 牛右肩胛骨　典賓　上博
合 6552 正　佚 23　戩 13.5（正）（臼拓即戩 35.8）　歷拓 9250 正　上博 17647.698 正

臼：
乙未帚枚丁（"示十"合文[1]）屯。爭。
正：
(1) 己巳卜，☐貞：犬☐其出☐。
(2) 辛巳卜，殼貞：王惠倉侯豹［比］伐髳方，受出（有）又（祐）。

合選自歷拓，有正、臼。與合 3287（續存上 535、合 39699）綴合（方稚松綴，見拼合 82，圖 55）。

圖55

148 龜腹甲　典賓　廣東博
合 2973　續存上 294　頌拓 45

乎子漁出于出祖。用。

---

[1] 孫亞冰：《甲骨文合文三則 附："樂"的未識甲骨文字形》，《故宮博物院院刊》2019年第1期。

合選自頌拓，與續存均殘左下角。本拓最完整，保存了"用"字。

149 **龜腹甲**　　典賓　東大
合 13471　合 10399 反　珠 980　續 5.19.12　佚 25 反　東大 1080a

正：
[丁]丑卜，㱿貞：[丙子]夕向丁丑雨☒。
反：
☒娥☒。

合 10399 選自佚 25，其正、反面不屬一版甲骨，合 10399 正現藏故宮，反面釋文爲"☒寅☒羆[獲]☒"[1]。合 10399 反與合 13471 是同一版甲骨的正面，文字塗朱，東大公布了該版的反面文字(圖 56)。

圖 56

150 **牛肩胛骨**　　典賓　山博
合 17387　前 5.14.4　歷拓 6567　山珍 249

(1) 貞：不隹憂。
(2) 貞：翌丁巳不雨。
(3) 貞：王夢禽，不隹憂。
(4) [貞]：翌丁巳其雨。

合選自歷拓，缺右下角。本拓及前都保存了右下角的"不"字，本拓比前更完好，說明它的拓製時間更早。與合 16449(武漢店 5)綴合(劉影綴，見拼合 127，圖 57)。

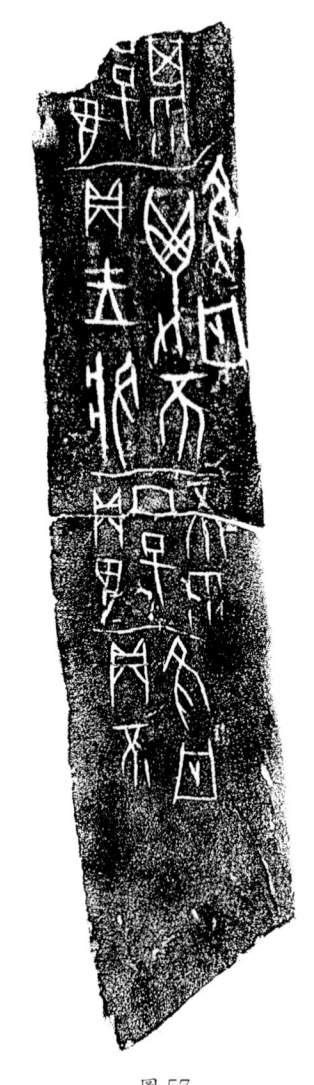

圖 57

151 **龜腹甲**　　典賓
合 15642　鐵 86.3　鐵新 62

(1) [☒辰卜]，㱿貞☒。
(2) ☒辰卜，㱿貞：勿龠(緩)尞十豕☒小羊，卯☒[牛三]☒。

合集來源表的"選定號"欄裏填的是"歷博拓 151"，即指本拓。通過對比拓本知道，合實際上選的是鐵，合集來

[1] 楊楊：《故宮博物院藏田獵刻辭初探》，《故宮博物院院刊》2016 年第 3 期。

源表誤。本拓文字稍清晰。

152 **龜腹甲** 出一 浙博 故宮
合 24878 合 12573 + 23679 + 合補 4481
鐵 74.3 鐵新 428

(1) 辛酉卜，出貞：勿見，其冓雨，克卒。五月。一
(2) 貞：翌囗王囗。一

本版龜甲已裂爲四塊（其中兩塊復原後，即合 12573），分藏於浙博和故宮，李愛輝、李延彦將剩餘部分復原（圖 58），即合 12573［鐵零 22（全）、續存下 127（爲上部），浙博］+合補 4481（歷拓 4304，故宮）+合 23679（歷拓 4418，故宮）[1]。鐵新 428 將"王"字誤爲"戍"。該版與合 12738（誠 115、善 8023，三卜，圖 59）成套。

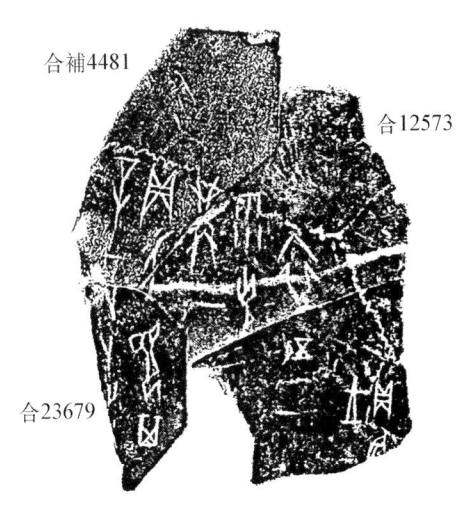

圖 58

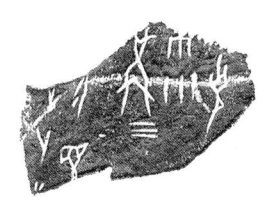

圖 59

153 **龜腹甲** 自賓
合 8427 鐵 146.4 鐵新 865 南坊 3.59

辛巳卜，王：囗其［受］朕［史又（祐）］。

本拓內容與合 8426（歷拓 4200，故宮）、本書 068 相關，或爲一版之折。

154 **龜腹甲** 典賓 京人
合 12411 正 後下 40.3 京人 166a

正：
(1) 癸丑囗貞：翌［甲］寅其雨。一
(2) 辛囗。
(3) 二告
反：
囗夕囗［甲］寅允雨。

合選自京人，有反面拓本（圖 60）。

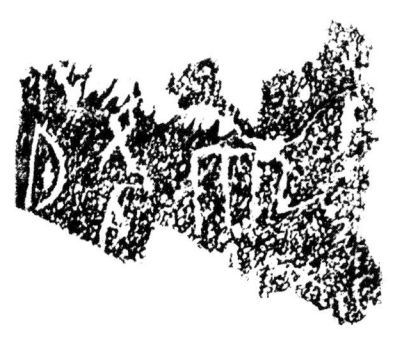

圖 60

155
與 143 自重。

156
與 036 自重。

157 **龜腹甲** 典賓 故宮
合 10399 正 佚 25 正 鐵餘 5.2 通 728
續 3.43.4

正：
(1) 貞：其逐兕，獲。
(2) 囗。

[1] 李延彦：《龜腹甲新綴第 45 則》，中國社會科學院歷史研究所先秦史研究室網站，2010 年 11 月 18 日。

反：

□寅王□罷[獲]□。

合10399選自佚25，其正、反面不屬同一版甲骨，合10399正現藏故宮[1]，合10399反即合13471、東大1080a、本書149，現藏東大。楊楊公布了本版的反面照片、拓本（圖61）。

保存了左下角，但續的文字不甚清楚，左下角"歸"上的字，較爲模糊。本拓左下角雖不如續完整，但"歸"上的字清晰可辨，爲"涉"字。根據内容、字體、龜版位置，可知它與合5232（掇二121）能遥綴（綴合時筆者用合5394正的多個版本補合出一張較完整、清晰的版本，圖62）。

圖61

158 **龜腹甲** 典賓
合6499 佚20 續2.31.2

[貞：今]早惠王比望乘伐下危，受业（有）又（祐）。

159 **龜腹甲** 典賓 上博
合5394正 續3.39.3 南誠34 殷餘4.5+19.1（反拓即殷餘16.3） 歷拓9674正 上博17647.597

正：
貞：翌辛卯王涉歸。
翌辛卯王勿涉歸。
□弗□獲□。
反：
(1) □丑帚□。
(2) [己]丑卜，㱿。
(3) □逐□。

合選自歷拓。在所有拓本中，續最完整，

合5394補合版 正 　　合5232正

合5232反　　合5394反
圖62

160 **龜腹甲** 出一
(1) [甲]□[卜]，出[貞]：令[般]又共左牛。八月。二
(2) 又圍商。九月。二
(3) □□[卜]，出[貞]□。

---

[1] 楊楊：《故宫博物院藏田獵刻辭初探》，《故宫博物院院刊》2016年第3期。

合 8943（後下 33.3、歷拓 7192、山珍 983）"貞：令般又共左牛。二"、合 8944（蘇德*美日 37、柏俗 4）"貞：令般又共左子牛。三"，這兩版爲牛左肩胛骨，與本版同文。"般又"即"般友"，指般的僚屬；"左"爲"左子"簡稱。[1]

161　龜背甲　　典賓
合 8451　　後下 21.14

☐帝若棄方。二告

與 163 自重。

162　龜腹甲　　自小　　上博
合 21069　　戬 33.15　　鐵餘 2.2（不全）
通 467　　歷拓 9458　　上博 17647.240

(1) 甲戌卜，扶：司妫（男）。
(2) 癸巳卜：令敉鄉。

鐵餘上半部無字處剪裁，不全。

163

與 161 自重。

164　龜腹甲　　典賓
鐵 55.3　　鐵新 556　　通 413

(1) ☐風之☐。
(2) ☐。

165

與 005 自重。

166　龜腹甲　　賓一
合 1356　　鐵 92.1　　鐵新 159

(1) ☐☐卜，內：成☐王。十一月。

(2) ☐允隹☐。不。

合選自鐵。本拓文字稍清楚，可補出"十一月"。"不"字不清楚，也可能是序數"六"。

167　龜腹甲　　賓一
合 11959　　合補 3698（下半）　　鐵 119.3
鐵新 574　　鐵 269.3（下半）　　鐵新 575（下半）

(1) 乙卯不其雨。一
(2) ☐東戌亡保。一

合 11959 選自鐵 119.3，合補 3698 選自鐵 269.3，合補 3698、鐵 269.3 爲下半部。本拓文字稍清楚，"亡保"二字能辨識出，"保"字以往誤爲"從"。

168　龜腹甲　　典賓
合 7631　　鐵 149.4　　鐵新 385

貞：翌甲申子汰圍☐。

合集來源表的"選定號"欄裏填的是"歷博拓 168"，即指本拓。通過對比拓本知道，合實際上選的是鐵，合集來源表誤。本拓文字稍清晰。

169　龜腹甲　　典賓　　天理
合 10966　　合補 2632　　鐵 42.1　　鐵新 403
天理 205

戊寅☐貞，其☐禽☐鹿☐七十☐。

"七十"爲合文。天理的照片非常清楚（圖 63）。

---

[1] 趙鵬：《甲骨刻辭"又"及相關之字補說》，《古文字研究》第 30 輯，中華書局，2014 年；《談談殷墟甲骨文中的"左"、"中"、"右"》，《甲骨文與殷商史》新 4 輯，上海古籍出版社，2014 年。

圖 63

170 **龜腹甲**　自賓

合 413（綴合版）　鐵 35.4　鐵新 167

(1) 甲申卜：御雀父乙一羌、一宰。
　　二 三
(2) 甲申卜，貞：雀不囗。二
(3) 二

合 413 即鐵 35.4（外 354、考孫 43、六清 84、鐵新 167）+ 鐵 40.1（鐵新 82）。合 413 與合 4166（虛 256、南博拓 1659）綴合（蔣玉斌綴，圖 64）。

圖 64

171 **牛右肩胛骨**　典賓　蘇博

合 39697　續存下 262

(1) 囗。
(2) 貞：勿酒。
(3) 戊午卜，古貞：酒小子御。

本拓舊著録只有摹本。從拓本看，"小"字刻寫較淺。

172 **牛右肩胛骨**　典賓

合 10579　前 6.26.5　續存下 343

(1) 囗。
(2) 貞：王狩。
(3) 貞：乎🜚迓[1]子姝來。
(4) 勿狩。
(5) 貞：勿乎🜚迓子姝來。
(6) 貞囗。

合、前是拓本，但不完整，續存雖完整，但爲摹本，且"🜚"字摹寫有誤。本拓是最完整的拓本。

173 **牛肩胛骨**　典賓　京人

合 12018　鐵 53.2　鐵新 613　京人 825

(1) 囗雨。
(2) 囗今日雨。
(3) 囗妫（男）。七月。

合選自京人，右上角"雨"字缺一小塊，本拓及鐵、鐵新還保留着這一部分。

174 **牛右肩胛骨**　典賓　山博

合 10105　歷拓 6442　山珍 74

(1) 貞：王鄉。
(2) 河。
(3) 貞：于王亥禱年。

---

[1] 沈培：《釋甲金文中的"迓"——兼論上古音魚月通轉的證據問題》，"上古音與古文字研究的整合"國際研討會，2017年7月15〜17日。

合選自歷拓,文字清晰(圖 65)。

(7) 一
(8) 庚辰卜:王獲鹿。一
(9) 辛巳卜:王獲。一
(10) 二告
(11) ☐允☐五。
(12) 一
(13) 二告

合補收的綴合版有誤。本拓內容與合 10410＋合補 2601(懷特 933)(林宏明綴)[1]有關。

177 牛左肩胛骨　　典賓　故宮

合 16790　佚 29　續 4.47.2(不全)　歷拓 4684

(1) 癸酉卜,爭貞:旬亡憂。
(2) 癸丑卜,爭貞:旬亡憂。二

合選自歷拓,拓本最完整、清晰(圖 66)。

圖 65

175 龜腹甲　　典賓

合 13280　鐵 162.1　鐵新 617

(1) 貞:翌乙☐不其易[日]。三月。
(2) ☐[寅]☐。

合選自鐵,本拓文字比合、鐵稍清晰。

176 牛左肩胛骨　　㠱賓

合 10411　合補 2590(部分)　佚 24

(1) 一
(2) 庚午☐。一
(3) 庚午卜:王不其獲。一
(4) 一　二告
(5) 丙子卜:王獲。允獲兕一。一
(6) 戊寅卜:王不其獲。一

圖 66

178 龜腹甲　　賓一

合 660　合 40436　鐵 206.2　鐵新 130　南坊 3.36

(1) 酒河[三十]牛,[以]我[女]。四
(2) [㞢]于王亥妾。

---

[1] 林宏明:《甲骨新綴第 739 例》,中國社會科學院歷史研究所先秦史研究室網站,2017 年 4 月 29 日。

合660選自鐵(合集來源表的"選定號"欄裏填的是"歷博拓178",即指本拓。通過對比拓本知道,合實際上選的是鐵,合集來源表誤),合40436選自南坊,爲摹本。本拓與綴彙541[合672+合1403+合15453(乙2862)+合7176(乙713)+乙2462](張秉權、曾毅公、桂瓊英、嚴一萍綴,圖67)同文。

圖67

179 **龜腹甲**　　自賓　　復旦
　　合 2343　鐵 177.1　鐵新 154　續存上 308　歷拓 11629　掇三 557　復旦 195

　　戊午［卜］□不于□多介□。一

180 **龜腹甲**　　典賓　　上博
　　合 1045　續 2.27.3　戩 41.6　歷拓 9548　上博 17647.448

　　□友三十人□戍犬□亡我□。

　　合選自歷拓，與上博一樣，右側合文"三十"殘，本拓稍完整。

181
　　與 035 自重。

182 **龜腹甲**　　自賓
　　(1) □卜□。
　　(2) 乙丑□菁□。
　　(3) 弜方。一
　　(4) 弜不眔方。一
　　(5) 貞□。

檢索表

表一　著錄情況一覽表

本書編號	合、合補號	舊著錄號	材質	組類	現藏地	自重情況
001	合 1714	鐵 54.1、鐵新 23、通 158	龜腹甲	典賓		
002	合 7903	鐵 77.3、鐵新 451、天理 160	龜背甲	典賓	天理	與 008 自重
003	合 13262	佚 37、戩 22.13、續 5.16.5、續 6.15.1、上博 17647.655	牛右肩胛骨	典賓	上博	
004	合 6177	戩 11.12、戩 48.8、續 3.4.4、佚 19、上博 17647.654	牛左肩胛骨	典賓	上博	
005	合 19532	續 5.30.3	龜腹甲	自賓		與 165 自重
006	合 3363	鐵 157.3、鐵新 754、續存上 1074	龜腹甲	自賓		
007	合 18805	後下 40.10、前 4.33.6、戩 48.3、續 2.28.4、上博 17647.386	龜腹甲	自賓	上博	
008						與 002 自重
009	合 15058	檜桓 2	龜腹甲	典賓	檜桓	
010	合 9556	後下 40.14	龜腹甲	典賓		
011	合 5831	前 4.50.3	牛肩胛骨	典賓		
012	合 4058	鐵 114.3、鐵新 87	龜腹甲	典賓		
013	合 1943、合 40464	鐵 118.3、鐵新 21、南師 2.62	龜腹甲	賓一		
014			龜腹甲	典賓		
015	合 12395	鐵 156.3、鐵新 605、京人 177	龜背甲	典賓	京人	與 048 自重
016	合 14194	鐵 61.4、鐵新 729、通 370	龜腹甲	典賓		
017	合 10361	續 3.45.6、佚 64	龜腹甲	典賓		
018	合 39707	續存下 233	龜腹甲	自賓		
019	合 04414、合 20166	前 4.25.4、戩 33.2、歷拓 9449、續 5.29.12、上博 17647.278	龜腹甲	自賓	上博	
020	合 859	續 5.28.11（全）、鐵零 12、續存下 23	龜腹甲	典賓	浙博	
021	合補 1154（部分）	東大 1009（合補 1154）+ 1115	龜腹甲	賓一	東大	
022	合 20630	鐵 62.1、鐵新 1025、佚 77	龜腹甲	自小		
023	合 6297	佚 17、考精 26	牛左肩胛骨	典賓		
024	合 19527	鐵 12.3、鐵新 290	龜腹甲	典賓		
025	合 3170	佚 122、考精 77	龜腹甲	典賓		與 140 自重
026	合 1439	佚 32、考精 42	牛肩胛骨	典賓		

續表

本書編號	合、合補號	舊著錄號	材質	組類	現藏地	自重情況
027	合 5503	鐵 108.4、鐵新 608、續存上 164、掇三 567、復旦 205	龜腹甲	賓出	復旦	
028	合 14053	鐵 124.1、鐵新 666	龜腹甲	典賓		
029	合 4340	續存上 68、續存補 5.319.1 正	牛左肩胛骨	典賓		
030	合 12424、合補 3771	鐵 242.1、鐵新 572、天理 114	牛右肩胛骨	典賓	天理	與 050 自重
031	合 6322	鐵 244.2、鐵新 298	龜腹甲	典賓	國圖（部分）	
032	合 6675	後下 19.2、後下 40.5、京人 187	龜腹甲	自賓	京人	
033			龜腹甲	典賓		
034	合 1447	續 1.11.1	龜背甲	自賓		
035	合 8921	鐵 173.2、鐵新 713	龜腹甲	典賓		與 181 自重
036	合 3887	鐵 90.4、鐵新 728、善 18936、京津 1722	龜腹甲	典賓	國圖	與 156 自重
037	合 6233 正	續存上 565、歷拓 10334 正	牛左肩胛骨	典賓	津博	
038	合 28525	續 3.32.2、京人 2011	牛左肩胛骨	無名	京人	
039	合 13339	後下 39.10、京津 518、善 7819、通 405（不全）	龜腹甲	自小	國圖	
040			牛肩胛骨	典賓		
041	合 14649	珠 396	牛肩胛骨	典賓	書博	
042			牛肩胛骨	典賓		
043	合 20418	前 4.50.2、續 5.18.8、日彙 4	龜腹甲	自小	早稻田	
044	合 9592	鐵零 74、續 5.19.7、續存下 373、掇三 458	龜腹甲	賓一		
045	合 10769	鐵 60.4、鐵新 412	龜腹甲	典賓		與 049 自重
046	合 2255	京人 40	龜腹甲	典賓	京人	
047			龜腹甲	典賓		
048						與 015 自重
049						與 045 自重
050						與 030 自重
051	合 11448	鐵 114.1、鐵新 823、前 5.6.4	龜腹甲	典賓		
052	合 20479	鐵 149.3、鐵新 499（右）、天理 304	龜腹甲	自小	天理	
053			牛右肩胛骨	典賓		
054	合 10085 正	鐵 216.1、鐵新 195、佚 886、山珍 949	牛左肩胛骨	典賓	山博	
055	合 9026 正	鐵 119.1、鐵新 479、續 6.22.9、戩 44.6（背拓即殷餘 15.6）、上博 17647.401 正	牛右肩胛骨	典賓	上博	
056	合 5004	續 5.30.10、鐵餘 9.1		典賓		

續表

本書編號	合、合補號	舊著錄號	材質	組類	現藏地	自重情況
057	合 121	鐵 95.4、鐵新 468、南坊 3.74、掇三 769		典賓		與 091 自重
058	合 16220	京津 638、善 1731	龜腹甲	典賓	國圖	與 136 自重
059	合 17076	鐵 247.2、鐵新 684	牛左肩胛骨	典賓		
060	合 2955	鐵 151.1、鐵新 267	牛左肩胛骨	典賓		
061	合 14762	後上 9.10、善 93	牛左肩胛骨	典賓	國圖	
062	合 9529		牛右肩胛骨	典賓		
063	合 13920	山珍 781	牛左肩胛骨	典賓	山博	
064	合 12094	鐵 200.2、鐵新 584、戩 17.3、續 4.19.7、上博 17647.131	牛右肩胛骨	典賓	上博	
065	合 561	續存上 614	牛右肩胛骨	典賓	津博	
066	合 11752	鐵 107.3、鐵新 607	龜腹甲	賓一		
067	合 6171	龜 2.27.6、通 30	牛左肩胛骨	典賓		
068			龜腹甲	白賓		
069	合 13883	佚 8、京津 1667、歷拓 11348	龜腹甲	典賓	廣州博	
070	合 13964、合補 4061 正	續 5.32.3、東大 1078a	龜腹甲	典賓	東大	
071	合 6514	續 3.11.2、戩 13.4、上博 17647.688	牛左肩胛骨	典賓	上博	
072	合 6579	續 5.26.2、佚 125、戩 44.14、上博 17647.394	龜腹甲	賓一	上博	
073	合 1202	續 1.36.1、鐵零 25、續存下 178、掇三 21	龜腹甲	典賓	浙博	
074	合 6921	鐵 61.3、鐵新 463	龜腹甲	典賓		與 116 自重
075	合 10374(綴合版)	鐵 5.1、鐵新 379[鐵 5.1＋120.1(京人 261)，曾毅公《甲骨綴合編》234 的部分]	龜腹甲	白賓		
076	合 2676 正	鐵 123.2、鐵新 723	龜腹甲	典賓		
077	合 15420、合補 4453(綴合版)	鐵 116.1、鐵新 719(綴合版)	牛肩胛骨	典賓		
078	合 3226 正	鐵 241.3、鐵新 101、佚 42、北大 1 號、旅藏 202 正	牛左肩胛骨	典賓	旅博	
079			牛肩胛骨反面	典賓		
080	合 1090、合補 2413 乙	鐵 272.1、鐵新 470、前 6.21.4(不全)、續 6.11.2、凡 29.4	龜腹甲	白賓	故宮	
081	合 3190	佚 14、鐵餘 4.1	龜腹甲	典賓		
082		續 5.6.7、續 6.17.3(不完整)、歷拓 9688、南誠 50、殷餘 17.2、上博 17647.582(不完整)	龜腹甲	典賓	上博	
083	合 10677	鐵 87.1、鐵新 798、後下 9.2	龜腹甲	白賓		
084	合 16902	資料室 10	牛肩胛骨	典賓		

97

續表

本書編號	合、合補號	舊著錄號	材質	組類	現藏地	自重情況
085	合 7778	資料室 13、蘇·德美日 3、俄藏 13	牛右肩胛骨	賓一	俄羅斯	
086			龜腹甲	典賓		與 102 自重
087	合 4584	前 1.44.3	龜腹甲	自賓		
088	合 24428	鐵餘 8.1、續 2.28.2、書道 21、京人 1363	龜腹甲	出一	京人	
089			龜腹甲	典賓		
090	合 16404	續 5.7.1、京人 29	龜腹甲	自賓	京人	
091						與 057 自重
092	合補 2539	東大 1014	龜腹甲	典賓	東大	
093	合 20007、合 19826（不全）	鐵 54.2、鐵新 1012、京津 2927（不全）、考孫 53	龜腹甲	自小		
094	合 2055、合補 123	鐵 137.3、鐵新 11、天理 26	牛右肩胛骨	典賓	天理	
095	合 6711	鐵 207.1、鐵新 536、續 5.25.8、戩 38.6、歷拓 9512、上博 17647.693	牛左肩胛骨	自賓	上博	
096	合 16056 正	京津 2463 正（京津 950 反）、善 16808 正	龜腹甲	典賓	國圖	
097	合 13952、合補 419（不全）、合補 4037（不全）	鐵 75.1、鐵新 667、南博拓 800（不全）	龜腹甲	典賓	南博	
098	合 5137	續存下 387、前 6.37.3（不全）、吉博 67	牛右肩胛骨	典賓	吉博	
099	合 4813	鐵 185.3、鐵新 448	牛左肩胛骨	典賓		
100	合 8339（不全）	鐵餘 12.2、續 3.30.3（不全）	龜腹甲	典賓		
101	合 1718	鐵 176.3、鐵新 65、通 155	龜腹甲	典賓		
102						與 086 自重
103	合 9610（綴合版）	續 5.29.2、佚 4、書道 5、京人 277（綴合版）	龜腹甲	典賓	京人	
104	合 4993	京津 2314	龜背甲	典賓		
105	合 7492	佚 22、考精 31	牛左肩胛骨	典賓		
106	合 7195	北圖 2137、文捃 1047	牛左肩胛骨	典賓	國圖	
107			牛左肩胛骨	典賓		
108	合 9718	考精 2	龜腹甲	典賓		
109	合 10381	佚 155、考精 84	龜腹甲	自賓		與 126 自重
110			龜腹甲	典賓		與 122 自重
111	合 18813	鐵 12.2（全）、鐵新 612、考孫 39、鐵零 50＋53	龜腹甲	賓出	浙博	
112	合 22823、合補 105（不全）	續 1.12.1、天理 21（不全）	龜腹甲	出一	天理	

續表

本書編號	合、合補號	舊著錄號	材質	組類	現藏地	自重情況
113	合補 3140	鐵 109.1、鐵新 931、續 6.18.5（不全）、殷餘 2.5、歷拓 9752、上博 17647.470	龜腹甲	典賓	上博	
114	合 4279	佚 16、續 5.35.2	龜背甲	典賓		
115	合 5537	戩 26.9、續 5.17.8（不全）、續 6.16.8（不全）、佚 41（不全）、掇三 740、歷拓 445、中歷藏 438	牛左肩胛骨	典賓	古代史所	
116						與 074 自重
117	合 1857	鐵 228.2、鐵新 64、掇一 187	龜腹甲	典賓		
118	合 21284	續 5.1.4	龜腹甲	自小		
119	合 17681 正	鐵 77.1、鐵新 727、歷拓 4705 正	牛肩胛骨	典賓	故宮	
120	合 19104、合補 1313（不全）	佚 39、考精 52、天理 197（不全）	龜腹甲	典賓	天理	
121	合 14429（不全）	續 1.49.1、戩 22.11（不全）、歷拓 9348（不全）、上博 17647.193（不全）	龜背甲	典賓	上博	
122						與 110 自重
123	合 6516	鐵 150.3、鐵新 308、京人 331	龜腹甲	典賓	京人	
124	合 8379	鐵 203.1、鐵新 718	龜腹甲	典賓		
125	合 16000	鐵 120.3、鐵新 763、考孫 7	龜腹甲	自賓		
126						與 109 自重
127	合 20592	佚 11、考精 18	龜腹甲	自小		
128	合 13865	鐵 72.1、鐵新 35、日彙 257（日彙 258 和合 40556 是其反面）	龜腹甲	典賓	國學院	
129			牛肩胛骨	典賓		
130	合 39913	日彙 221、蘇富比 1 正	牛左肩胛骨	典賓	上海某氏	
131	合 8565、合補 4574	續 4.35.2、天理 164	龜腹甲	典賓	天理	
132	合 5196	鐵 51.2、鐵新 707	牛肩胛骨	典賓		
133			牛肩胛骨	出組		
134	合 12377	鐵 158.2、鐵新 588	龜腹甲	賓一		
135	合 15891、合補 4424 正	鐵 154.1、鐵新 163、天理 75a	龜腹甲	典賓	天理	
136						與 058 自重
137	合 7728 正	鐵 39.3、鐵新 335、戩 45.16、續 4.37.1（不全）、歷拓 9599 正、上博 17647.382 正	龜腹甲	典賓	上博	
138	合 9979	鐵餘 11.2、續 5.7.10	龜背甲	典賓		
139			牛左肩胛骨	典賓		
140						與 025 自重

續表

本書編號	合、合補號	舊著錄號	材質	組類	現藏地	自重情況
141	合 5690	鐵 37.1、鐵新 737、續 4.33.5（不全）、凡 27.4	龜腹甲	賓三	故宮	
142	合 19660、合 7132（不全）	鐵 165.1、鐵新 544、續 6.18.1（不全）、殷餘 3.4（不全）	龜腹甲	典賓		
143	合 3508 反	續 5.24.5（不全）、京人 962a	牛肩胛骨	典賓	京人	與 155 自重
144	合 13753	鐵 5.3、鐵新 642、佚 123、通 788	龜腹甲	白賓		
145	合 17136	鐵 76.3、鐵新 264、前 4.52.1、續 5.1.2	龜腹甲	典賓		
146	合 1384、合 15731	鐵 142.1、鐵新 125、戩 22.7、續 2.8.4、歷拓 9345、上博 17647.192	龜腹甲	賓一	上博	
147	合 6552 正	佚 23、戩 13.5（正）（白拓即戩 35.8）、歷拓 9250 正、上博 17647.698 正	牛右肩胛骨	典賓	上博	
148	合 2973	續存上 294、頌拓 45	龜腹甲	典賓	廣東博	
149	合 13471、合 10399 反	珠 980、續 5.19.12、佚 25 反、東大 1080a	龜腹甲	典賓	東大	
150	合 17387	前 5.14.4、歷拓 6567、山珍 249	牛肩胛骨	典賓	山博	
151	合 15642	鐵 86.3、鐵新 62	龜腹甲	典賓		
152	合 24878、合 12573＋23679＋合補 4481	鐵 74.3、鐵新 428	龜腹甲	出一	浙博、故宮	
153	合 8427	鐵 146.4、鐵新 865、南坊 3.59	龜腹甲	白賓		
154	合 12411 正	後下 40.3、京人 166a	龜腹甲	典賓	京人	
155						與 143 自重
156						與 036 自重
157	合 10399 正	佚 25 正、鐵餘 5.2、通 728、續 3.43.4	龜腹甲	典賓	故宮	
158	合 6499	佚 20、續 2.31.2	龜腹甲	典賓		
159	合 5394 正	續 3.39.3、南誠 34、殷餘 4.5＋19.1（反拓即殷餘 16.3）、歷拓 9674 正、上博 17647.597	龜腹甲	典賓	上博	
160			龜腹甲	出一		
161	合 8451	後下 21.14	龜背甲	典賓		與 163 自重
162	合 21069	戩 33.15、鐵餘 2.2（不全）、通 467、歷拓 9458、上博 17647.240	龜腹甲	自小	上博	
163						與 161 自重
164		鐵 55.3、鐵新 556、通 413	龜腹甲	典賓		
165						與 005 自重
166	合 1356	鐵 92.1、鐵新 159	龜腹甲	賓一		
167	合 11959、合補 3698（下半）	鐵 119.3、鐵新 574、鐵 269.3（下半）、鐵新 575（下半）	龜腹甲	賓一		

續表

本書編號	合、合補號	舊著錄號	材質	組類	現藏地	自重情況
168	合 7631	鐵 149.4、鐵新 385	龜腹甲	典賓		
169	合 10966、合補 2632	鐵 42.1、鐵新 403、天理 205	龜腹甲	典賓	天理	
170	合 413（綴合版）	鐵 35.4、鐵新 167	龜腹甲	自賓		
171	合 39697	續存下 262	牛右肩胛骨	典賓	蘇博	
172	合 10579	前 6.26.5、續存下 343	牛右肩胛骨	典賓		
173	合 12018	鐵 53.2、鐵新 613、京人 825	牛肩胛骨	典賓	京人	
174	合 10105	歷拓 6442、山珍 74	牛右肩胛骨	典賓	山博	
175	合 13280	鐵 162.1、鐵新 617	龜腹甲	典賓		
176	合 10411、合補 2590（部分）	佚 24	牛左肩胛骨	自賓		
177	合 16790	佚 29、續 4.47.2（不全）、歷拓 4684	牛左肩胛骨	典賓	故宮	
178	合 660、合 40436	鐵 206.2、鐵新 130、南坊 3.36	龜腹甲	賓一		
179	合 2343	鐵 177.1、鐵新 154、續存上 308、歷拓 11629、掇三 557、復旦 195	龜腹甲	自賓	復旦	
180	合 1045	續 2.27.3、戩 41.6、歷拓 9548、上博 17647.448	龜腹甲	典賓	上博	
181						與 035 自重
182			龜腹甲	自賓		

表二　合、合補與本書對照表

合、合補號	本書編號	合、合補號	本書編號	合、合補號	本書編號
合121	057、091	合4340	029	合7728正	137
合413(綴合版)	170	合4414	019	合7778	085
合561	065	合4584	087	合7903	002、008
合660	178	合4813	099	合8339(不全)	100
合859	020	合4993	104	合8379	124
合1045	180	合5004	056	合8427	153
合1090	080	合5137	098	合8451	161、163
合1202	073	合5196	132	合8565	131
合1356	166	合5394正	159	合8921	035、181
合1384	146	合5503	027	合9026正	055
合1439	026	合5537	115	合9529	062
合1447	034	合5690	141	合9556	010
合1714	001	合5831	011	合9592	044
合1718	101	合6171	067	合9610(綴合版)	103
合1857	117	合6177	004	合9718	108
合1943	013	合6233正	037	合9979	138
合2055	094	合6297	023	合10085正	054
合2255	046	合6322	031	合10105	174
合2343	179	合6499	158	合10361	017
合2676正	076	合6514	071	合10374(綴合版)	075
合2955	060	合6516	123	合10381	109、126
合2973	148	合6552正	147	合10399反	149
合3170	025、140	合6579	072	合10399正	157
合3190	081	合6675	032	合10411	176
合3226正	078	合6711	095	合10579	172
合3363	006	合6921	074、116	合10677	083
合3508反	143、155	合7132(不全)	142	合10769	045、049
合3887	036、156	合7195	106	合10966	169
合4058	012	合7492	105	合11448	051
合4279	114	合7631	168	合11752	066

續表

合、合補號	本書編號	合、合補號	本書編號	合、合補號	本書編號
合 11959	167	合 15891	135	合 23679	152
合 12018	173	合 16000	125	合 24428	088
合 12094	064	合 16056 正	096	合 24878	152
合 12377	134	合 16220	058、136	合 28525	038
合 12395	015、048	合 16404	090	合 39697	171
合 12411 正	154	合 16790	177	合 39707	018
合 12424	030、050	合 16902	084	合 39913	130
合 12573	152	合 17076	059	合 40436	178
合 13262	003	合 17136	145	合 40464	013
合 13280	175	合 17387	150	合補 105(不全)	112
合 13339	039	合 17681 正	119	合補 123	094
合 13471	149	合 18805	007	合補 419(不全)	097
合 13753	144	合 18813	111	合補 1154(部分)	021
合 13865	128	合 19104	120	合補 1313(不全)	120
合 13883	069	合 19527	024	合補 2413 乙	080
合 13920	063	合 19532	005、165	合補 2539	092
合 13952	097	合 19660	142	合補 2590(部分)	176
合 13964	070	合 19826(不全)	093	合補 2632	169
合 14053	028	合 20007	093	合補 3140	113
合 14194	016	合 20166	019	合補 3698(下半)	167
合 14429(不全)	121	合 20418	043	合補 3771	030、050
合 14649	041	合 20479	052	合補 4037(不全)	097
合 14762	061	合 20592	127	合補 4061 正	070
合 15058	009	合 20630	022	合補 4424 正	135
合 15420	077	合 21069	162	合補 4453(綴合版)	077
合 15642	151	合 21284	118	合補 4481	152
合 15731	146	合 22823	112	合補 4574	131

表三　其他舊著與本書對照表

舊著錄號	本書編號	舊著錄號	本書編號	舊著錄號	本書編號
北大1號	078	戩 11.12	004	京人 187	032
北圖 2137	106	戩 13.4	071	京人 277（綴合版）	103
東大 1009	021	戩 13.5（正）（白拓即戩 35.8）	147	京人 331	123
東大 1014	092			京人 825	173
東大 1078a	070	戩 17.3	064	京人 962a	143、155
東大 1080a	149	戩 22.7	146	京人 1363	088
東大 1115	021	戩 22.11（不全）	121	京人 2011	038
撥一 187	117	戩 22.13	003	考精 2	108
撥三 21	073	戩 26.9	115	考精 18	127
撥三 458	044	戩 33.2	019	考精 26	023
撥三 557	179	戩 33.15	162	考精 31	105
撥三 567	027	戩 38.6	095	考精 42	026
撥三 740	115	戩 41.6	180	考精 52	120
撥三 769	057、091	戩 44.6（背拓即殷餘 15.6）	055	考精 77	025、140
俄藏 13	085			考精 84	109、126
凡 29.4	080	戩 44.14	072	考孫 7	125
復旦 195	179	戩 45.16	137	考孫 39	111
復旦 205	027	戩 48.3	007	考孫 53	093
龜 2.27.6	067	戩 48.8	004	歷拓 445	115
後下 9.2	083	京津 518	039	歷拓 4684	177
後上 9.10	061	京津 638	058、136	歷拓 4705 正	119
後下 19.2	032	京津 1667	069	歷拓 6442	174
後下 21.14	161、163	京津 1722	036、156	歷拓 6567	150
後下 39.10	039	京津 2314	104	歷拓 9250 正	147
後下 40.10	007	京津 2463 正	096	歷拓 9345	146
後下 40.14	010	京津 2927（不全）	093	歷拓 9348（不全）	121
後下 40.3	154	京人 29	090	歷拓 9449	019
後下 40.5	032	京人 40	046	歷拓 9458	162
檜桓 2	009	京人 166a	154	歷拓 9512	095
吉博 67	098	京人 177	015、048	歷拓 9548	180

續表

舊著錄號	本書編號	舊著錄號	本書編號	舊著錄號	本書編號
歷拓 9599 正	137	善 16808 正	096	天理 304	052
歷拓 9674 正	159	善 18936	036、156	鐵 5.1	075
歷拓 9688	082	上海 17647.131	064	鐵 5.3	144
歷拓 11348	069	上博 17647.192	146	鐵 12.2(全)	111
歷拓 11629	179	上博 17647.193(不全)	121	鐵 12.3	024
旅藏 202 正	078	上博 17647.240	162	鐵 35.4	170
南博拓 800(不全)	097	上博 17647.278	019	鐵 37.1	141
南誠 34	159	上博 17647.382 正	137	鐵 39.3	137
南誠 50	082	上博 17647.386	007	鐵 42.1	169
南坊 3.36	178	上博 17647.394	072	鐵 51.2	132
南坊 3.59	153	上博 17647.401 正	055	鐵 53.2	173
南坊 3.74	057、091	上博 17647.448	180	鐵 54.1	001
南師 2.62	013	上博 17647.470	113	鐵 54.2	093
前 1.44.3	087	上博 17647.582(不完整)	082	鐵 55.3	164
前 4.25.4	019			鐵 60.4	045、049
前 4.33.6	007	上博 17647.597	159	鐵 61.3	074、116
前 4.50.2	043	上博 17647.654	004	鐵 61.4	016
前 4.50.3	011	上博 17647.655	003	鐵 62.1	022
前 4.52.1	145	上博 17647.688	071	鐵 72.1	128
前 5.6.4	051	上博 17647.693	095	鐵 74.3	152
前 5.14.4	150	上博 17647.698 正	147	鐵 75.1	097
前 6.21.4(不全)	080	書道 5	103	鐵 76.3	145
前 6.26.5	172	書道 21	088	鐵 77.1	119
前 6.37.3(不全)	098	頌拓 45	148	鐵 77.3	002、008
日彙 4	043	蘇*德美日 3	085	鐵 86.3	151
日彙 221	130	蘇富比 1 正	130	鐵 87.1	083
日彙 257	128	天理 21(不全)	112	鐵 90.4	036、156
山珍 74	174	天理 26	094	鐵 92.1	166
山珍 249	150	天理 75a	135	鐵 92.1	166
山珍 781	063	天理 114	030、050	鐵 95.4	057、091
山珍 949	054	天理 160	002、008	鐵 107.3	066
善 93	061	天理 164	131	鐵 108.4	027
善 1731	058、136	天理 197(不全)	120	鐵 109.1	113
善 7819	039	天理 205	169	鐵 114.1	051

續表

舊著錄號	本書編號	舊著錄號	本書編號	舊著錄號	本書編號
鐵 114.3	012	鐵 247.2	059	鐵新 448	099
鐵 116.1	077	鐵 269.3(下半)	167	鐵新 451	002、008
鐵 118.3	013	鐵 272.1	080	鐵新 463	074、116
鐵 119.1	055	鐵零 12	020	鐵新 468	057、091
鐵 119.3	167	鐵零 25	073	鐵新 470	080
鐵 120.3	125	鐵零 50	111	鐵新 479	055
鐵 123.2	076	鐵零 53	111	鐵新 499(右)	052
鐵 124.1	028	鐵零 74	044	鐵新 536	095
鐵 137.3	094	鐵新 11	094	鐵新 544	142
鐵 142.1	146	鐵新 21	013	鐵新 556	164
鐵 146.4	153	鐵新 23	001	鐵新 572	030、050
鐵 149.3	052	鐵新 35	128	鐵新 574	167
鐵 149.4	168	鐵新 62	151	鐵新 575(下半)	167
鐵 150.3	123	鐵新 64	117	鐵新 584	064
鐵 151.1	060	鐵新 65	101	鐵新 588	134
鐵 154.1	135	鐵新 87	012	鐵新 605	015、048
鐵 156.3	015、048	鐵新 101	078	鐵新 607	066
鐵 157.3	006	鐵新 125	146	鐵新 608	027
鐵 158.2	134	鐵新 130	178	鐵新 612	111
鐵 162.1	175	鐵新 154	179	鐵新 613	173
鐵 165.1	142	鐵新 163	135	鐵新 617	175
鐵 173.2	035、181	鐵新 167	170	鐵新 642	144
鐵 176.3	101	鐵新 195	054	鐵新 666	028
鐵 177.1	179	鐵新 264	145	鐵新 667	097
鐵 185.3	099	鐵新 267	060	鐵新 684	059
鐵 200.2	064	鐵新 290	024	鐵新 707	132
鐵 203.1	124	鐵新 298	031	鐵新 713	035、181
鐵 206.2	178	鐵新 308	123	鐵新 718	124
鐵 207.1	095	鐵新 335	137	鐵新 719	077
鐵 216.1	054	鐵新 379	075	鐵新 723	076
鐵 228.2	117	鐵新 385	168	鐵新 727	119
鐵 241.3	078	鐵新 403	169	鐵新 728	036、156
鐵 242.1	030、050	鐵新 412	045、049	鐵新 729	016
鐵 244.2	031	鐵新 428	152	鐵新 737	141

續表

舊著錄號	本書編號	舊著錄號	本書編號	舊著錄號	本書編號
鐵新 754	006	續 3.4.4	004	續 6.16.8(不全)	115
鐵新 763	125	續 3.11.2	071	續 6.17.3(不完整)	082
鐵新 798	083	續 3.30.3(不全)	100	續 6.18.1(不全)	142
鐵新 823	051	續 3.32.2	038	續 6.18.5(不全)	113
鐵新 865	153	續 3.39.3	159	續 6.22.9	055
鐵新 931	113	續 3.43.4	157	續存上 68	029
鐵新 1012	093	續 3.45.6	017	續存上 164	027
鐵新 1025	022	續 4.19.7	064	續存上 294	148
鐵餘 2.2(不全)	162	續 4.33.5(不全)	141	續存上 308	179
鐵餘 4.1	081	續 4.35.2	131	續存上 565	037
鐵餘 5.2	157	續 4.37.1(不全)	137	續存上 614	065
鐵餘 8.1	088	續 4.47.2(不全)	177	續存上 1074	006
鐵餘 9.1	056	續 5.1.2	145	續存下 23	020
鐵餘 11.2	138	續 5.1.4	118	續存下 178	073
鐵餘 12.2	100	續 5.6.7	082	續存下 233	018
通 30	067	續 5.7.1	090	續存下 262	171
通 155	101	續 5.7.10	138	續存下 343	172
通 158	001	續 5.16.5	003	續存下 373	044
通 370	016	續 5.17.8(不全)	115	續存下 387	098
通 405(不全)	039	續 5.18.8	043	續存補 5.319.1 正	029
通 413	164	續 5.19.12	149	佚 4	103
通 467	162	續 5.19.7	044	佚 8	069
通 728	157	續 5.24.5(不全)	143、155	佚 11	127
通 788	144	續 5.25.8	095	佚 14	081
文挦 1047	106	續 5.26.2	072	佚 16	114
續 1.11.1	034	續 5.28.11(全)	020	佚 17	023
續 1.12.1	112	續 5.29.2	103	佚 19	004
續 1.36.1	073	續 5.29.12	019	佚 20	158
續 1.49.1	121	續 5.30.3	005、165	佚 22	105
續 2.27.3	180	續 5.30.10	056	佚 23	147
續 2.28.2	088	續 5.32.3	070	佚 24	176
續 2.28.4	007	續 5.35.2	114	佚 25 反	149
續 2.31.2	158	續 6.11.2	080	佚 25 正	157
續 2.8.4	146	續 6.15.1	003	佚 29	177

續表

續表

舊著錄號	本書編號	舊著錄號	本書編號	舊著錄號	本書編號
佚32	026	佚123	144	殷餘17.2	082
佚37	003	佚125	072	殷餘19.1	159
佚39	120	佚155	109、126	中歷藏438	115
佚41(不全)	115	佚886	054	珠396	041
佚42	078	殷餘2.5	113	珠980	149
佚64	017	殷餘3.4(不全)	142	資料室10	084
佚77	022	殷餘4.5(反拓即殷餘16.3)	159	資料室13	085
佚122	025、140				

表四　本書甲骨自重表

本書編號	自重情況	本書編號	自重情況	本書編號	自重情況
002	與 008 自重	050	與 030 自重	126	與 109 自重
005	與 165 自重	057	與 091 自重	136	與 058 自重
008	與 002 自重	058	與 136 自重	140	與 025 自重
015	與 048 自重	074	與 116 自重	143	與 155 自重
025	與 140 自重	086	與 102 自重	155	與 143 自重
030	與 050 自重	091	與 057 自重	156	與 036 自重
035	與 181 自重	102	與 086 自重	161	與 163 自重
036	與 156 自重	109	與 126 自重	163	與 161 自重
045	與 049 自重	110	與 122 自重	165	與 005 自重
048	與 015 自重	116	與 074 自重	181	與 035 自重
049	與 045 自重	122	與 110 自重		

表五　本書甲骨綴合表

本書編號	綴　合　號	綴合者
051	合 17031＋11447（龜 1.7.11 不全、珠 1368）＋8250（合補 6475、北圖 2181）＋京津 2849	李愛輝、黃天樹
052	合 20480（鐵 154.3、歷拓 11292、續存上 517）	嚴一萍
059	合 16913 正（鐵 18.3、戩 30.10、續 4.39.7、歷拓 9444 正、上博 17647.769 正）	林宏明
062	合 40117（英藏 813）	林宏明
073	合 1197（續 5.18.9、佚 6）	李愛輝
075	鐵 120.1（京人 261）＋考孟 144	曾毅公、合 10374
077	合 15415（合 15229、鐵 34.2、京津 954、善 14358）	嚴一萍
097	合 13976（掇 126、七 S28）	蔡哲茂
098	合補 441（天理 179）	蔡哲茂
100	合 8340〔合補 4582、善 5946、鐵餘 12.4（多一個"亡"字）、續 6.24.4（不全）、續存上 1300〕	蔡哲茂
103	書道 15	京人 277
108	合 9831（六清 46、覺玄 84、外 265）	李愛輝
112	合 22824（後下 40.12、合補 6970、天理 330）	黃天樹
119	明後 1814	蔣玉斌
147	合 3287（續存上 535、合 39699）	方稚松
150	合 16449（武漢店 5）	劉影
159	合 5232（掇二 121）	孫亞冰
170	合 413〔本拓＋鐵 40.1（鐵新 82）〕＋合 4166（虛 256、南博拓 1659）	合 413、蔣玉斌

表六　本書所收拓本較舊著錄更完整或更清晰者以及新見拓本等一覽表

本書編號	合、合補號	舊著錄號	說明
010	合 9556	後下 40.14	更完整、清晰
011	合 5831	前 4.50.3	更完整
014			新見拓本
018	合 39707	續存下 233	舊著錄是摹本，新見拓本
029	合 4340	續存上 68、續存補 5.319.1 正	更完整
031	合 6322	鐵 244.2、鐵新 298	更清晰
033			新見拓本
040			新見拓本
041	合 14649	珠 396	更完整
042			新見拓本
045	合 10769	鐵 60.4、鐵新 412	更清晰
047			新見拓本
053			新見拓本
056	合 5004	續 5.30.10、鐵餘 9.1	更完整
062	合 9529		更完整、清晰
063	合 13920	山珍 781	更完整
064	合 12094	鐵 200.2、鐵新 584、戩 17.3、續 4.19.7、上海 17647.131	更完整
065	合 561	續存上 614	更清晰
067	合 6171	龜 2.27.6、通 30	更完整
068			新見拓本
077	合 15420、合補 4453（綴合版）	鐵 116.1、鐵新 719	更清晰
079			新見拓本
082		續 5.6.7、續 6.17.3（不完整）、歷拓 9688、南誠 50、殷餘 17.2、上博 17647.582（不完整）	合、合補未著錄
084	合 16902	資料室 10	更清晰
085	合 7778	資料室 13、蘇*德美日 3、俄藏 13	更清晰
086、102			新見拓本

續表

本書編號	合、合補號	舊著錄號	説明
087	合 4584	前 1.44.3	更完整
089			新見拓本
092	合補 2539	東大 1014	更完整
096	合 16056 正	京津 2463 正（京津 950 反）、善 16808 正	更完整
100	合 8339（不全）	鐵餘 12.2、續 3.30.3（不全）	本拓與鐵餘較合、續更完整
101	合 1718	鐵 176.3、鐵新 65、通 155	更清晰
104	合 4993	京津 2314	更完整
107			新見拓本
110、122			新見拓本
121	合 14429（不全）	續 1.49.1、戩 22.11（不全）、歷拓 9348（不全）、上博 17647.193（不全）	本拓與續較其他更完整
128	合 13865	鐵 72.1、鐵新 35、日彙 257（日彙 258、合 40556 是反面）	更清晰
129			新見拓本
132	合 5196	鐵 51.2、鐵新 707	更完整
133			新見拓本
137	合 7728 正	鐵 39.3、鐵新 335、戩 45.16、續 4.37.1（不全）、歷拓 9599 正、上博 17647.382 正	更完整
139			新見拓本
148	合 2973	續存上 294、頌拓 45	更完整
150	合 17387	前 5.14.4、歷拓 6567、山珍 249，	更完整
151	合 15642	鐵 86.3、鐵新 62	更清晰
159	合 5394 正	續 3.39.3、南誠 34、殷餘 4.5＋19.1（反拓即殷餘 16.3）、歷拓 9674 正、上博 17647.597	更清晰
160			新見拓本
164		鐵 55.3、鐵新 556、通 413	合、合補未著録
166	合 1356	鐵 92.1、鐵新 159	更清晰
167	合 11959、合補 3698（下半）	鐵 119.3、鐵新 574、鐵 269.3（下半）、鐵新 575（下半）	更清晰
168	合 7631	鐵 149.4、鐵新 385	更清晰
171	合 39697	續存下 262	舊著録是摹本，新見拓本
172	合 10579	前 6.26.5、續存下 343	更完整
173	合 12018	鐵 53.2、鐵新 613、京人 825	本拓与鐵、鐵新較合、京人更完整
175	合 13280	鐵 162.1、鐵新 617	更清晰
180	合 1045	續 2.27.3、戩 41.6、歷拓 9548、上博 17647.448	更完整
182			新見拓本

表七　甲骨現藏地簡稱對照表

簡　稱	全　稱
東大	東京大學東洋文化研究所
俄羅斯	俄羅斯聖彼得堡國立愛米塔什博物館
復旦	復旦大學
古代史所	中國社會科學院古代史研究所
故宮	故宮博物院
廣東博	廣東省博物館
廣州博	廣州博物館
國圖	國家圖書館
國學院	日本國學院大學
吉博	吉林省博物館
津博	天津博物館
京人	京都大學人文科學研究所
歷博	中國歷史博物館（國家博物館）
旅博	旅順博物館
南博	南京博物院
山博	山東博物館
上博	上海博物館
上海某氏	上海某氏
書博	書道博物館
蘇博	蘇州博物館
天理	天理大學附屬天理參考館
早稻田	早稻田大學東洋美術陳列室
浙博	浙江省博物館

表八　甲骨著錄書簡稱對照表

簡　稱	全　稱
柏俗	德國柏林民俗博物館
誠	誠齋殷虛文字
粹	殷契粹編
北圖	北京圖書館
東大	東京大學東洋文化研究所藏甲骨文字
東文庫	東洋文庫所藏甲骨文字
掇	殷契拾掇
掇二	殷契拾掇二編
掇三	殷契拾掇三編
俄藏	俄羅斯國立愛米塔什博物館藏殷墟甲骨
凡	凡將齋藏甲骨文字
復旦	復旦大學藏甲骨集
龜	龜甲獸骨文字
合	甲骨文合集
合補	甲骨文合集補編
合集來源表	甲骨文合集材料來源表
後	殷虛書契後編
懷特	懷特氏等收藏甲骨文集
檜桓	檜桓元吉氏藏甲骨文字
吉博	吉林博物館甲骨
輯佚	殷墟甲骨輯佚
戩	戩壽堂所藏殷虛文字
京津	戰後京津新獲甲骨集
京人	京都大學人文科學研究所藏甲骨文字
覺玄	覺玄藏契
考精	中國社會科學院考古研究所原精拓殷契文
考孟	中國社會科學院考古研究所原孟定生
考孫	中國社會科學院考古研究所原孫壯
歷拓	中國社會科學院歷史研究所藏拓本

簡　稱	全　稱
六清	甲骨六録・清暉山館所藏甲骨文字
旅藏	旅順博物館所藏甲骨
明後	殷虛卜辭後編
南博拓	南京博物院拓本
南誠	戰後南北所見甲骨録・誠明文學院所藏甲骨文字
南坊	戰後南北所見甲骨録・南北坊間所見甲骨録
南師	戰後南北所見甲骨録・南北師友所見甲骨録
拼合	甲骨拼合集
七S	甲骨卜辭七集・上海博物館
前	殷虛書契
日彙	日本散見甲骨文字搜彙
山珍	山東省博物館珍藏甲骨墨拓集
善	善齋甲骨拓本
上博	上海博物館藏甲骨文字
書道	書道全集
頌拓	頌齋所藏甲骨拓本
蘇德美日	蘇德美日所見甲骨集
蘇富比	紐約蘇富比2015春季拍賣會所見部分中國古文字資料簡編
天理	天理大學附屬天理參考館甲骨文字
鐵	鐵雲藏龜
鐵零	鐵雲藏龜零拾
鐵新	鐵雲藏龜新編
鐵餘	鐵雲藏龜之餘
通	卜辭通纂
外	殷虛文字外編
文掇	甲骨文掇
武漢店	武漢文物商店
虛	殷虛卜辭
續	殷虛書契續編
續存	甲骨續存
續存補	甲骨續存補編
乙	殷虛文字乙編
佚	殷契佚存
殷餘	雲間朱孔陽藏戩壽堂殷虛文字舊拓・殷虛文字之餘

續表

簡　　稱	全　　稱
英藏	英國所藏甲骨集
中歷藏	中國社會科學院歷史研究所藏甲骨集
珠	殷契遺珠
綴彙	甲骨綴合彙編
資料室	中國社會科學院歷史研究所資料室